当代中国知名学者文集

马大正边疆文存

第三卷
新疆大历史的观察与思考

马大正 著

中国社会科学出版社

写在"马大正边疆文存"出版之际

时光流逝，我已是名副其实的"80 后"——耄耋之老翁。此时此刻对自己学术人生做些回顾，当也在情理之中。

回首作为学人的我半个多世纪在史学研究领域里，还是做了些许工作，简言之，是做了两件事，一是习史，二是研史，当然习史和研史很难截然分开，但从一个时段的工作重心看，还是可以分为入门、始步、拓展三个阶段。

1960 年至 1964 年，为研究的入门阶段

时我在山东大学历史系攻读中国近代史专业研究生，师从徐绪典教授，致力于太平天国对外关系史的学习和研究，我的研究生毕业论文题为《太平天国革命与英美传教士》，在此期间系统学习了马克思史学理论和中国通史的基础知识。山东大学历史系当时名师荟萃，学习气氛浓郁，更难忘的是，业师徐绪典教授不仅传授了中国近代史的丰厚知识，还教会了我从事历史研究的基本方法，实现了对历史学由无知到稍知的过渡，所有这一切成了我终身受益的最宝贵的精神财富。20 世纪 80 年代初我发表了两篇关于太平天国史的论文：一篇《太平天国革命与英美传教士》即是我的研究生毕业论文，另一篇《论洪仁玕革新思想的形成及其历史地位》资料积累和内容构思也都是在研究生学习时完成的。

1964 年至 1987 年，为研究的始步阶段

1963 年 7 月研究生毕业，由于论文答辩，等待分配工作，至 1964 年

仲夏到中国科学院民族研究所（中国社会科学院民族研究所前身）工作，一晃十余年（1964—1975 年），与大多数同龄人一样，身在研究机构，却长期与科研工作无缘，先是前后两次四清运动工作队，下乡劳动锻炼，第二次四清运动工作队集训刚结束，"文化大革命"开始了，于是在政治运动的波涛中又经历几乎 10 年时间，身不由己地翻滚在革命与反革命的旋涡之中。但平心而论，这些年也确是经风雨、见世面、长知识，对社会认识的加深本身也是哲学社会科学工作者不可缺少的必修课，无疑大大有利于日后研究工作中对资料鉴别、历史现象分析能力的提高。唯一能做而我未能做到的是，我不及当时我的有些同龄先知者，抓紧外文水平的巩固和再学习，从这一意义上说，我是大大地浪费了宝贵的青春岁月。1975 年秋冬，我终于得到了参加工作以来第一个研究课题的机会——参加《准噶尔史略》一书的撰写。我的卫拉特蒙古史研究即始于此时，此项研究真正有序展开已是科学春天降临人间的 1978 年了。卫拉特蒙古史研究工作起步是顺利的，因为从大环境言，我赶上了社会科学研究蓬勃发展的大好时光；从小环境言，我有幸置身于一个团结、进取的研究集体之中。而且在我研究工作始步之初，即得到享誉海内外的著名前辈学者翁独健教授的指导与启迪，他是我始步研究卫拉特蒙古史和隋唐民族关系史的引路人和最直接的老师。至今我仍清晰记得《准噶尔史略》编写工作之初，独健老师的谆谆告诫："一定要详尽地掌握原始资料和国内外研究动态，首先把前人的研究成果收齐，编好目录，仔细阅读，在前人的基础上，把这本书写成有较高科学性的民族史学专著，不要成为应时之作。"这种治学精神，成了指导我走学术探索之路的准则而永存心间。1982 年在完成《准噶尔史略》一书后，又开始了 17—18 世纪土尔扈特蒙古政治史的研究。1984年，我有幸参加由翁独健教授主持的《中国民族关系史纲要》一书的撰写，分工隋唐民族关系史部分，并于 1986 年完成了书稿。通过对卫拉特蒙古史和隋唐民族关系史的研究，我对中国历史上两个最富有特色的唐王朝和清王朝的疆域和民族有了比较清晰的了解。在此期间，我还担任了《民族研究》的编辑和参加《中国历史大辞典》民族史卷的组织和撰写工作，由此不仅锻炼了我的编辑能力，也大大扩展了个人与学界同人的交往，所有这一切均为我日后研究领域的拓展，打下了良好基础。

1987 年加盟中国边疆史地研究中心以来为研究的拓展阶段

1987 年由于工作需要，我离开了已工作、生活 20 余年的民族研究所，以及与我有共同志趣、和谐合作的学术伙伴们，到了创建不久的中国社会科学院中国边疆史地研究中心。为适应新工作岗位的急迫需要，致力于思考并探索推动中国边疆史地研究的学科建设之正确之途，个人的研究领域也从民族史扩大到中国疆域史。具体而言有如下三个方面：

首先，为改变 20 世纪 80 年代中期中国边疆史地研究冷寂的局面，提出了开展中国疆域史、中国近代边界沿革史、中国边疆研究史三大研究系列的构想，并采取了一系列有利于研究深化并行之有效的举措。90 年代以后又主持并参加了当代中国边疆系列调研。在学界同人的共同努力下，具有优良传统的中国边疆史地研究，实现了两个突破：一是突破了以往仅研究近代边界问题的研究范围，开始形成以中国古代疆域史、中国近代边界沿革史和中国边疆研究史三大研究系列为研究重点的研究格局，促成了中国边疆史地研究的大发展；二是突破了史地研究的范围，将中国边疆历史与现状相结合，成果众多，选题深化、贴近现实，由此具有中国特色的中国边疆学的构筑也提上了议事日程。在中国边疆研究勃兴的大背景下，中国边疆史地研究中心也得到了长足的发展。

其次，为适应工作的需要，个人的研究领域也从民族史扩大到中国疆域史，在以下六个研究点上做了些许探索：

一是，中国历代边疆政策和中国疆域发展的综合研究。

二是，清代新疆地方史和新疆探察史研究。

三是，中亚史和新疆周边地区史研究。

四是，东北边疆史，特别是古代中国高句丽历史研究。

五是，当代中国边疆稳定，特别是新疆稳定与发展战略研究。

六是，着力于中国边疆研究的档案文献整理和边疆研究成果大众化、普及化工作。

当然，卫拉特蒙古史的研究始终没有中止。

最后，抓住研究工作面临新的机遇，迎接挑战。2002 年年末，我受邀参加 21 世纪初重大学术文化工程国家清史纂修工程，协助著名清史专家戴逸教授做一些清史纂修工程的组织协调工作，我将此视为一次难得的重新学习清史的机会。

回顾这些年治学的实践，经验谈不上，心得则有五点：

一是，史学工作者必须牢记自身的社会责任，自己的研究成果要力争达到三有利，即有利于学科建设的总体发展目标，有利于自己研究成果生命力的延伸，有利于发挥以史为鉴的社会功能。

二是，求真求实是中国边疆研究的优良传统。所谓求真，即是要追求历史的真实，实事求是永远是研究遵循的准则；所谓求实，我理解是研究者要脚踏实地，面对现实。中国边疆这个研究对象现实感特强，研究者应具有强烈的使命感、责任感。

三是，资料收集是研究的基础，要千方百计掌握第一手资料，包括相关的文献、档案，当事人的记述，同时代的记载，民族文字的记载对边疆研究具有特别重要的意义，而资料的鉴别则是研究的开始，对任何史实，不可不信，又不可全信，而比较是鉴别真伪的可靠方法。

四是，读万卷书，行万里路，对于边疆研究工作者来说实地调查尤为重要，所谓百闻不如一见，到边疆地区走一走、看一看、听一听，大有利于研究的深化。

五是，研究视点选择的正确是研究成功的重要保证。研究中要微观研究和宏观研究兼顾，微观研究是研究的入门，而宏观研究则是研究升华的开始，宁可小题大做，而不可大题小做。研究时要心有全局，尽量使自己的研究成果能做到分则成文，合则成书。

2001 年 8 月，我从中国边疆史地研究中心主任岗位卸任，2010 年退休。但出书、著文、访谈、讲座哪一件也未停下脚步，加之还在国家清史编纂委员会上班，退休前后工作、生活似乎并未发生很大变化，还是做我爱做的事，过着过一天高兴两个半天的日子！

2010 年后近十余年时间里做了值得一记的几件事：

一是，清史纂修历时 20 年，2018 年 10 月完成送审稿的印制，正在全力进行全书整合、修订，争取早日出版面世；

二是，在中国边疆治理研究方面，主编完成了"中国边疆治理丛书"的出版，自己撰写了《中国边疆治理通论》，在当代新疆治理研究方面，坚持撰写"新疆维稳形势年度点评"系列调研报告；

三是，中国边疆学构筑方面，出版了《当代中国边疆研究（1949—2019）》和《中国边疆学构筑札记》；

四是，在边疆知识普及方面，重点是接受媒体访谈和学术讲演，还主编了《塔克拉玛干考察纪实》。

2016 年开始筹划并启动"马大正边疆文存"的选编工作。在学术生涯中我是幸运的。自 1984 年以来我先后出版论文集、专题性学术论集有 9 种，书名如次（依出版年为序）：

1.《厄鲁特蒙古史论集》（合著），青海人民出版社 1984 年版。

2.《边疆与民族——历史断面研考》，黑龙江教育出版社 1993 年版。

3.《中国边疆研究论稿》，黑龙江教育出版社 2002 年版。

4.《国家利益高于一切——新疆稳定问题的观察与思考》，新疆人民出版社 2002 年版、2003 年修订版。

5.《踱步集——新疆史探微》，兰州大学出版社 2003 年版。

6.《马大正文集》，上海辞书出版社 2005 年版。

7.《热点问题冷思考——中国边疆研究十讲》，上海辞书出版社 2013 年版。

8.《西出阳关觅知音——新疆研究十四讲》，上海辞书出版社 2013 年版。

9.《中国边疆学构筑札记》，中央广播电视大学出版社 2016 年版。

10.《卫拉特蒙古历史论考》，西北大学出版社 2020 年版。

此次构思"马大正边疆文存"依如下两原则：

一是，基本反映自己有关边疆研究成果的主要方面；

二是，从选题到选文力图减少与已出版过的论文集、专题性学术论集的重复率。

"马大正边疆文存"共五卷，各卷为：

第一卷 《中国边疆学构筑论衡》

第二卷 《中国边疆治理与历史上民族关系研究》

第三卷 《新疆大历史的观察与思考》

第四卷 《新疆探察史研究》

第五卷 《序跋与评议汇选》

中国边疆研究涉及内容丰富多彩。"上下五千年，东西南北中"，似苍穹，似大海。而自己 40 余年研究所涉猎内容虽大都当在其中，但似星辰，似浪花。研究工作优劣成败，应由社会评说，我只是做了自己乐意做的工作，在自己的岗位上尽了责、出了力。

文存付梓在即，我有太多的感激要表达：

要感激育我成长的老师、助我前行的同辈学友，还有激我奋进的年轻才俊；

要感激促我"文存"编选的新疆人民出版社和老友罗沛同志；

要感激保我"文存"得以面世的中国社会科学出版社和赵剑英、王茵两位，还有辛苦认真的"文存"责任编辑吴丽平博士！

如果收入本"文存"的拙作于读者尚有些许参阅价值，乃人生之大幸矣！

2022 年 8 月

于北京自乐斋

前　言

　　本卷取题《新疆大历史的观察与思考》，共收文 6 篇。

　　所收之文，每篇首发于何时何处均在文末注明，我以为将个人所撰之文注明写作或发表时间，从研究史的视野出发，是一个不应忽视的细节。

　　还需说明，本集所收《论新疆历史发展的基本问题》其主体内容作为《新疆史鉴》一书的绪论，曾在多种刊物上转载，《有清一代治理新疆的几个问题》则是根据我多次学术讲座稿的综合整理而成。

2017 年 9 月 24 日

于北京自乐斋

目 录

论新疆历史发展的基本问题 ……………………………………（1）

　一　站在历史的脊梁上观察历史 ………………………………（1）

　二　认识新疆历史的出发点、归宿点和新疆历史发展中的

　　　五个基本问题 …………………………………………………（3）

　三　关于历朝各代对新疆的治理 ………………………………（4）

　四　新疆是各个民族共同生活的大家园 ………………………（10）

　五　多种宗教在碰撞中并存 ……………………………………（17）

　六　多元文化的共存、交融与互补 ……………………………（24）

　七　屯垦戍边的历史定位 ………………………………………（30）

　八　研究新疆历史应面对现实与未来 …………………………（35）

16—19 世纪中叶的塔里木盆地诸民族 …………………………（37）

　一　叶尔羌汗国统治下的塔里木盆地诸民族 …………………（37）

　二　准噶尔政权统治下的塔里木盆地诸民族 …………………（45）

　三　清朝政府对塔里木盆地诸民族的统治 ……………………（53）

　四　伯克制度下的维吾尔人社会 ………………………………（59）

有清一代治理新疆的几个问题 …………………………………（64）

　一　清政府治理新疆前期的行政管理体制——军府制度 ……（64）

　二　清政府治理新疆后期的行政体制——创建行省 …………（68）

　三　清朝统治新疆时期的动乱事件 ……………………………（72）

当代新疆治理研究 ·· （85）

    一 新疆治理在治疆大战略中具有统领全局的地位 ············· （85）

    二 长治久安和可持续发展是新疆治理的两大战略任务 ········ （86）

    三 必须坚持实事求是的思想路线 ··························· （89）

    四 民族理论研究要与时俱进、不断创新 ··················· （92）

    五 加大宗教的调适与改革力度 ···························· （100）

    六 促进文化认同与国家认同 ······························ （104）

    七 打击恐怖主义与维护社会稳定 ·························· （114）

    八 出台加快发展新疆支柱产业的政策建议 ················· （117）

新疆生产建设兵团发展战略与新疆长治久安 ················· （121）

    一 新疆生产建设兵团创业历程 ···························· （121）

    二 完善新疆生产建设兵团布局的思考 ····················· （126）

    三 维稳戍边是兵团的历史担当 ···························· （131）

    四 壮大兵团、开发南疆 ································· （132）

新疆地方志与新疆乡土志稿 ······························· （136）

    一 新疆地方志概述 ····································· （136）

    二 新疆乡土志的编纂与稿本的收集 ······················· （140）

    三 新疆乡土志稿的史料价值与局限 ······················· （144）

论新疆历史发展的基本问题

一　站在历史的脊梁上观察历史

任何问题都离不开历史，研究历史的重要任务之一是为了了解现代，进而为解决现代存在的问题提供借鉴。对新疆的历史进行观察、分析、研究同样不例外，如果不了解新疆历史，就可能认不清现实中出现的一些问题，更无法制定正确的解决之策。要站在历史的脊梁上观察新疆问题，要站得高。基点之一是先辈们对新疆进行了开拓和开发；基点之二是我们的前人在认识新疆、研究新疆方面有着丰富的积累。

新疆及其周围地区在我国古代称为西域。我们的先辈早在先秦时期就使这一地区和内地建立起了密切的关系。我国先秦古籍中大量有关西域的记载、传说，与中原地区墓葬中出土的由西域玉石制作的陪葬品相互印证，为我们勾勒出了远古时期西域和中原政治、经济、文化交流的壮丽画卷。公元前 1 世纪，随着西汉王朝在西域地区的驻军屯田、设官立府、施政管理，西域和内地更紧密地联系在一起，先辈们对西域开拓和开发也进入一个新的阶段。西汉之后的我国历代王朝，不管是统一王朝，还是割据时期的各王朝，都没有废弃对西域的开拓和开发。唐朝、元朝、清朝以其强盛的国力，不仅持续地对现在的新疆地区实施有效管理和开发，而且也将其周围地区纳入了管辖范围之内，设官立府、驻军屯垦、兴修水利、发展经济和文化，不断将对西域的开拓和开发推向高潮。就是在中原地区战乱不止、割据政权鼎立或林立的状态下，我们的先辈也没有废弃对西域的开拓和开发。尼雅，位于今新疆民丰北的沙漠中，地处尼雅河下游。20世纪初，斯坦因在考察尼雅遗址时发现了有关魏晋王朝在此屯田的木简，这是魏晋王朝经营和开发西域的历史见证。只是到了近代，长期的闭关锁国使清朝国力日衰，列强的蚕食鲸吞使大片领土从母体上割裂出去，形成了我国新疆现在的疆域状况。回顾先辈们经营和开发西域的历史，我们可以清楚地看到这样一个史实：包括今新疆在内的广大西域地区在很早以前就和内地形成了密切的政治、经济、文化联系。公元前 1 世纪西域和内地融为一体之后，我国中央王朝对西域的经营与开发尽管有过挫折，乃至断裂，但经过了挫折时期之后，中央王朝对西域的经营和开发往往会在前代的基础上有一个更高、持续时间更长的开发高潮。这些持续不断的开发高潮使西域地区和内地的联系更加紧密。这也是近代以降，尽管列强处心积虑企图将新疆分裂出中国却始终无法实现的重要原因之一。

在我们的先辈开拓和开发西域的过程中，他们对西域的探索和研究也同时展开了。流传至今的《尚书》《山海经》《穆天子传》《竹书纪年》等关于包括今新疆在内的古代西域人文、地理、物产等方面的记载，应当是先辈们探索和研究西域的最早成果。之后，以司马迁的《史记》为先，内容浩繁的二十四史大多为西域立传；以《资治通鉴》为代表的编年体类史书、以《通典》为代表的政书类史书、以《高僧传》为代表的传体类史书、以《元和郡县图志》为代表的地图类史书等，也都或多或少地论及有关西域的各方面状况。这些都是先辈们关注、探索、研究西域的成果。至清朝，专门探索和研究西域的官方典籍、私人著述更是不胜枚举。近代以来伴随着列强对我国边疆的蚕食鲸吞，先辈们的探索和研究也达到了前所未有的高潮，并形成了以祁韵士、张穆、何秋涛、徐松、魏源等为代表的研究群体。在前辈们的成果中，既有对西域地理、社会、民族、宗教、文化等自然人文情况的描述，也有对历代王朝治理和开发西域政策的得失以及各民族或政权之间关系等众多方面的探讨和总结。

先辈们对新疆的探索和研究，在为后人提供浩如烟海的资料、奠定研究基础的同时，更重要的是其精神也给予后人以极大鼓励。新中国成立，尤其是改革开放以后，众多的研究机构、团体、学者纷纷加入探索和研究新疆历史的行列，从不同的方面，运用科学的方法开展研究，使其成为中国边疆史地研究中一个硕果累累的领域。

二 认识新疆历史的出发点、归宿点和新疆历史发展中的五个基本问题

了解、认识和研究历史需要具有科学的态度、正确的理论和方法。在长期从事新疆历史研究的过程中得出的一个基本思路，就是要有正确的出发点和归宿点。我们认识新疆历史的出发点和归宿点：第一，新疆是我国统一多民族国家不可分割的一部分；第二，新疆的历史是中华各民族共同创造的，新疆的历史也是中华民族共同历史的一部分。

新疆自古就是一个多民族聚居的地区。对于远古新疆居民的族属，我国史籍没有明确的记载，唯以"西戎"称之。但古人类头骨的测定分析表明，这一时期新疆的居民分为东西两大人种，并且随着历史的发展，蒙古人种逐渐占据了优势。秦汉之际，来自河西地区的月氏、乌孙、羌人等纷纷迁入西域，而塞种人则迁至了帕米尔高原地区。及至匈奴兴起，匈奴人不断涌入西域并成为这里的统治民族。公元前1世纪，伴随着西汉在西域统治秩序的建立，汉人日渐成为西域众多古老民族之一。汉代以后，更多的我国古代民族纷纷进入包括新疆在内的西域地区，而尤其以我国北方蒙古草原地区的游牧民族为最多，突厥人、回纥人、契丹人、蒙古人先后涌入。这些民族和当地民族在辽阔的西域生息繁衍；在共同开发西域的同时，相互之间或和或战，不断融合。新疆地区的一些现代民族就是在这种民族大融合中诞生的。至清朝，满族、锡伯族、达斡尔族等再次迁入，最终形成了新疆现在的民族分布格局。新疆的历史，既是一部民族迁徙融合的历史，也是各民族共同开发新疆、建设新疆的历史，是中华民族发展史的重要组成部分。

公元前60年，西汉在西域设置西域都护府，对西域实施有效治理，这种管辖在唐朝、元朝、清朝时期不断得到加强。长期有效的统治不仅为上述各民族相互交流、共同开发西域提供了稳定的社会环境，也不断地加速着这一地区和古代中国的其他地区融为一体的历史进程。只是到了近代，由于列强的入侵，这一进程受到严重阻挠。但尽管如此，在清末国力衰微、民国初期军阀割据，中央王朝对新疆控制不断减弱的情况下，列强处心积虑想把新疆从中国分裂出去的企图仍然没有得逞。这表明新疆已经在长期的历史发展进程中成为中国不可分割，也难以分割的一部分。

要正确地认识和研究新疆历史，首先应该对新疆历史发展的基本问题有一个准确把握。在长期的研究过程中，新疆历史发展的基本问题可归纳为以下五个方面。

一是，历朝各代对新疆的治理；

二是，新疆是各民族共同生活的大家园；

三是，多种宗教在碰撞中并存；

四是，多元文化的共存、交融与互补；

五是，屯垦戍边的历史定位。

三 关于历朝各代对新疆的治理

我国历朝各代对新疆的治理受国内局势、国力以及其他因素的影响而具有不同的特点。但从纵的方面看，尽管历朝各代治理新疆的方略、政策不同，总的趋势却是这种治理在不断得到加强。

西汉王朝是第一个在新疆实施有效治理的王朝，其治理措施是通过设置管理机构、驻军屯守、册授边疆民族首领等实施的。管理机构以西域都护为主，立府于今轮台县附近，是西汉王朝管理这一地区的最高官员；戊己校尉、伊循都尉则是西汉王朝设置的率军屯田的官员。西汉虽然设置了管理机构，但对西域边疆民族的管理则不是直接的，而是通过册授民族首领官爵，由他们来具体管理其自身的事务，这种方式被称为羁縻统治。西汉之后的东汉王朝沿用了西汉的这种治理方式。

三国鼎立迄至隋王朝建立，是中国历史上的一个大动荡时期。但在争夺中原统治权的同时，各个政权，无论是一统中国北方的曹魏政权，还是十六国时期的西部各政权，仍然给予天山南北以极大关注。治理范围虽有所缩小，但治理方式则有了进一步的发展。曹魏政权在今罗布淖尔设置西域长史作为主要管理机构，下设西域校尉、伊吾都尉。对众多民族的管理则沿用了西汉时期的羁縻方式。在继承前代治理方式的基础上，作为中国内地传统治理方式的郡县制也在这一时期引入了新疆地区。前凉政权设置了高昌郡，采取与内地相同的郡、县、乡、里的治理方式。这一治理方式为之后的各政权沿用，北魏则设置鄯善镇、焉耆镇，以加强对新疆的治理。各王朝采取的这些治理方式是自西汉实施有效统治以来治理方式的一大发展，是新疆和内地政治、经济、文化联系日益密切和深化的结果。

隋唐王朝对新疆地区的治理在前代基础上更加积极有效，设置郡县、驻军戍守屯田、实施羁縻统治是隋朝治理新疆的主要措施。鄯善、且末、伊吾等郡的设置将郡县制度这一治理方式向前推进了一大步。唐朝取代短命的隋朝之后，不仅恢复了西汉时期的管辖区域，而且在其基础上又有较大的拓展。唐朝对包括今新疆在内的广大西域地区的治理是在总结了以往治理经验和教训的基础上进行的，因而其在西域设置的军政管理机构之完善也远远超过前代。安西都护府和北庭都护府是唐朝在西域地区设置的最高管理机构。"掌抚慰诸蕃，辑宁外寇，觇候奸谲，征讨携贰"① 是其主要的职责。其下设置都督府、州，除伊、西、庭三州由唐官员担任外，其他都督府都督、州刺史则委任边疆民族首领担任，行使对西域的管辖权。在驻军屯守方面则设置有著名的安西四镇，四个军镇最初设在龟兹（今库车）、焉耆、于阗（今和田）和疏勒（今喀什），镇守使是其最高长官，并建立起了由军、守捉、城、镇为主要组成部分的防御体系。在具体的治理措施方面，唐朝在西域大力推行与内地类似的政治经济制度。就目前已经发现的文书资料证实，官员委任制度、府兵制、均田制、租庸调制、赋税制度等中原推行的治理措施也已经实施于西域地区。完备的管理和防御机构以及有效的治理措施，使唐朝西域治理呈现稳定性、连续性和社会经济状况显著发展的特点，西域的向心力也得到了明显加强。8 世纪末西域和内地的联系为吐蕃隔断，安西、北庭二府仍然"坚保封疆"30 多年之久就是一个很好的例证。

五代宋辽金，是中国历史上的又一次大割据时期。各王朝虽然沿用了前代的一些管理制度和具体治理措施，但相对松散。五代各政权因争夺中原统治权而无暇兼顾西域，西域则高昌回鹘、于阗、喀喇汗政权分立，但都和中原王朝保持着臣属关系，并没有自绝于中国之外，喀喇汗朝统治者自称"桃花石汗"（中国汗）即是明证。至辽朝将西域纳入统治范围后，设官置守实行羁縻统治又成为治理的主要方式，后统一西域的西辽也仍然是如此。

---

① 《旧唐书》卷 48《百官三》。

　　元明两朝对西域的治理在辽金的基础上又有了加强。元朝在统一西域后陆续建立了名目繁多的军政机构，并在平定西北藩王之乱后逐步得到完善。提刑按察司是主管天山南路地区农桑事务的机构，交钞提举司则专理货币的发行和管理，宣慰司则分理天山南北各地事务等。尤其是宣慰司的设置，不仅反映着元朝对天山南北的统治得到了加强，而且也使治理机构的设置和内地趋同。明朝国力远不如元朝，其有效治理的范围仅仅达于哈密，但也设置了哈密卫，任命哈密当地的世族首领为各级官吏以实现对这一地区的管理。

　　清朝统一新疆后，自西汉时期开始的中央王朝对新疆的治理趋于完备，各项政策措施也更加适合于新疆的政治、民族特点，在管理制度方面采取的是以伊犁将军为主的军府制度，逐步实现了新疆和内地行政制度的统一。此外，清朝还根据新疆地区的特点，在制度方面依据"因地制宜""因俗而治"的原则分别采取了郡县制、伯克制、札萨克制、八旗制等不同的治理方式；官员的任用方面采取以满族为主、各族官员并用的政策，以调动各族官员的积极性；军队驻守方面采取了以八旗军队为主、其他军队为辅的共同防御，既相互补充又相互制约的政策；经济方面推行以农业为主、农牧并举的政策，使天山北部的农业得到了前所未有的发展，并采取了减轻赋税、确定财政定额补贴制度；采取政教分离、支持多种宗教并存的政策；建设台站等交通网络及卡伦边境防御网络等等。清朝采取的这些治理措施取得了较显著的效果，使新疆社会有了一个较长时期的统一、安定的政治局面，经济文化也由此获得了快速恢复和发展。光绪初年，左宗棠率大军收复新疆后，新疆原有的统治制度荡然无存。1884 年，新疆正式建省，刘锦棠出任第一任新疆巡抚。清朝对新疆的治理迎来了一次大的变革，新疆地方行政交由各道、府、厅、州、县办理；伊犁将军等军府制度得到保留，但权力大大缩小；南疆的伯克制度被废除；减轻赋税和商业税；实行更为优惠的移民实边政策，及为恢复农业、发展副业生产而采取的各项政策，兴办文教等，是这一变革所带来的重大变化。这一变革对于维护祖国统一、促进西北边疆的开发、增进各民族间的联系起到了巨大的作用。

　　纵观历代王朝对新疆的治理，有一个特点是十分显著的，即在每次积极有效地治理之后往往有一个削弱时期，但在度过削弱时期之后，中央王朝的治理范围和深度又有一个大的发展，中央王朝对新疆的治理方式也在这种发展中逐渐和内地趋同，进而完成了新疆成为中国不可分割一部分的历史进程。

由此，结论如下：

（一）从西域都护府到新疆建省的意义

考古资料和文献资料表明，西域在很早之前就和中原地区有了密切的联系，秦汉之际兴起于我国北方草原地区的匈奴开始将西域纳入自己的管辖之下，设置僮仆都尉进行管理。公元前 60 年，西汉王朝在西域设置西域都护府，辽阔的西域被纳入中央王朝的直接管辖之下。自西汉设置西域都护府到清朝设省而治，历代王朝对新疆的治理经过了督统治理（西汉到隋）、羁縻治理（唐到明）、军府治理（清统一新疆至 1884 年）、建省治理（1884 年以后）四个不同的发展阶段，既反映了我国统一多民族国家的发展历程，同时也体现了中央政府对新疆治理逐步强化的发展轨迹。

西域都护府的设置，标志着包括今天新疆在内的西域被正式纳入中央王朝的管辖下，西域地区由此开始了和我国其他地区融为一体的历程。融为一体的历程是曲折的，导致这种状况的原因主要是中央王朝对西域的政策受到了国力强弱及其他因素的严重制约而时有中断。和西汉相比，东汉王朝对西域的治理受到国力和统治者主观意识的影响出现了"三绝三通"的状况。三国两晋南北朝时期，由于中原地区陷入割据状态，对西域的治理主要还是限于西部和北部地区的各王朝或政权，而且统治的程度也不及西汉时期那么深入具体。进入隋唐时期之后，强大的隋唐王朝，尤其是唐王朝的出现，不仅重新将西域纳入中央王朝的直接管辖之下，而且安西、北庭两大都护府及安西四镇等机构的设置使中央王朝对西域的治理在两汉的基础上更加深入。五代辽金两宋时期，中原地区复又陷入割据状态，西域虽然此时也先后出现了喀喇汗王朝、于阗李氏王朝、高昌回鹘王朝、西辽王朝等割据政权，但这些政权和中原地区的政治、经济、文化联系并没有中断，而是继续保持着密切的交往，这为蒙元帝国对西域的又一次统一和治理打下了坚实的基础。明王朝受国力的影响，对西域的治理相对较弱，但其后的清王朝却集历朝各代长期治理西域之大成，不仅在西域确立了以伊犁将军为首，众多参赞大臣、办事大臣、领队大臣等为辅的管理体制，而且积极推行具有中原地区特点的郡县管理方式，并最终在 1884 年将新疆纳入了行省管理体制之下，新疆由此完成了和我国其他地区融为一体的进程。

纵观历代王朝对新疆的治理，有两个突出的特点：一是历代王朝对新疆的治理过程虽然充满着曲折，但总是在曲折中发展；二是历代王朝对新疆的治理并不是简单的重复，而是在继承中不断深化。

（二）各族人民及政治家的作用

新疆成为中国的重要部分虽然是新疆和内地联系不断密切的必然结果，但各民族人民以及历代的政治家在其中也发挥了积极的作用。

各民族人民在历代王朝治理新疆过程中的作用是积极主动，这也是新疆能够成为中国重要组成部分的主要原因之一。自西汉将西域纳入有效管辖范围之后，政治、经济、文化等多方面的交流极大地增强了西域各民族的向心力，由此也促成了即使在中原地区陷入内乱或国力衰弱难以继续维持对西域治理的情况下，西域各民族也往往采取积极主动的方式来保持和中央王朝的密切联系。如东汉王朝刚刚建立，西域各国"皆遣使求内属，愿请都护"，希望重新被纳入中央王朝的管辖之下，而在东汉王朝的国力难以维持对西域的治理准备撤出时，疏勒都尉黎弇自刎以死挽留班超。尽管后类事例略显特殊，但类似前者主动和中原王朝或向中央王朝谋求建立所属关系的事例则很多，这无疑是各民族人民向心力的表现。这种向心力不仅为历朝各代治理西域提供了牢固的基础，而且也是新疆成为中国不可分割组成部分、新疆各民族成为中华民族组成部分的重要原因之一。

在历朝各代治理新疆的过程中，政治家的作用也是十分突出的。西汉王朝的武帝、宣帝，唐王朝的唐太宗、高宗，清王朝的康熙帝、乾隆帝等，他们作为统一的中央王朝的统治者无疑对中央王朝统一和治理新疆起到了十分重要的推动作用，边疆大吏的作用也是不能忽视的。汉代具有"凿空"之功的张骞、为西域都护府的设置立下大功的郑吉、和亲西汉的乌孙王、率领数十人完成统一西域大业的班超；清代平息动乱并收复伊犁的左宗棠、新疆建省后第一任巡抚刘锦棠等，这些人或为中央王朝地方官吏，或为西域地方政权首领的政治家，顺应历史潮流，在立足民意的基础上，或开创性地密切了新疆和内地的联系，或妥善地执行有利于新疆稳定和发展的政策，或在中国处于割据状态下依然谋求保持和中原各王朝的关系，或为平息动乱、抵御外侮做出了突出贡献。这些政治家对历代王朝治理新疆及促进新疆发展等诸多方面也起到了十分重要的推动作用。

（三）割据与分裂是两个不同的概念

在历代王朝治理新疆的过程中，与统一相对立的是割据和分裂现象的存在，成为历代王朝治理新疆的制约因素。割据和分裂虽然都是历代王朝统一新疆的阻碍，但二者并不是具有相同的含义，而是两个不同的概念。

"割"者，分割；"据"者，占据。"割据"，一般用来指称一个政权内部拥有武力的人武装占据部分地区，和整个政权形成对抗的状态。割据者的最终目的是夺取整个政权的统治权。"分"与"裂"含义大致相同，合在一起的政治含义是指使一个政权变成几部分或两部分，分裂者虽然也是和割据者一样，依靠武力占据部分地区，但其最终目的是从政权中分离出去。也就是说，割据政权和分裂政权虽然在形式上具有某些相同的特征，但二者要达到的最终目的不同，前者的最终发展目标依然是统一，而后者的最终目标是建立一个永久独立的政权。

在新疆的历史上，既存在着割据政权，也有分裂政权，但总体而言前者一直居于主导地位，后者则是在19世纪之后成为影响新疆稳定的主要因素。由于特殊的人文和地理特点以及中央王朝采取的以羁縻统治为主的治理方式，在新疆历史上一直存在着大大小小的众多政权。这些政权形成割据往往是在两种情况下发生：一是由于不满于中央王朝的某些政策而起兵反抗，进而形成割据政权，如唐代西突厥的阿史那贺鲁政权等；二是由于中原地区内乱，中央王朝缺失，通过内部兼并也会出现一些割据政权，诸如唐代初期的高昌，两宋的于阗李氏王朝、喀喇汗王朝、高昌回鹘汗国、西辽王朝，元代窝阔台汗国、察哈台汗国等。但是，这些割据政权并没有以分裂中国作为自己的奋斗目标，而是或希望通过割据来开拓自己的生存空间，或积极主动地和中原王朝保持政治联系，尽管有时这种政治联系仅限于名义上的附属关系，也尽量保持。无论是喀喇汗王朝以"中国汗"自居，还是于阗李氏王朝以唐王朝统治者后裔的身份出现，都是这种向心力的表现。

建立平等、团结、互助的新型民族关系，一直是中国共产党解决国内民族问题的奋斗目标，新中国成立以后确立的民族区域自治制度为这种新型民族关系的建立打下了坚实的基础，新疆维吾尔自治区的成立即是这一政策具体实施的结果。为了加快新疆的发展，在世纪之交，我国政府又做出了西部大开发的战略决策，包括新疆在内的西部民族地区迎来了千载难逢的发展机遇。经济社会的发展自然会彻底改变新疆落后的社会状况，新型的各民族之间的关系也将不断完善，但经济社会的发展需要新疆有一个稳定的社会环境，因而坚定不移地与分裂主义势力进行斗争是新疆面临的首要问题。

四 新疆是各个民族共同生活的大家园

新疆自古就是一个多民族聚居的地区，宣扬新疆是某一个民族的家园是违背历史事实的，自然也是站不住脚的。

早在汉代以前，新疆就是一个多人种混居的地区。人类学的人类头骨鉴定资料不仅已经表明在这一时期新疆的居民分属于白种、黄种及二者的混合型，而且也表明黄种人逐步取得了优势。至汉代，活动在新疆地区的民族则以塞人、月氏人、乌孙人、羌人、匈奴人和汉人为主。塞种、月氏、乌孙早期主要活动在我国西部的河西地区；羌则是我国古老的民族之一，是形成中华民族的主要来源之一，建立"城邦诸国"的民族即分属于这些民族；匈奴则是兴起于我国蒙古草原地带的民族，后融合于汉等民族之中。

魏晋南北朝时期，活动在新疆地区的民族在原有基础上又增加了鲜卑、柔然、高车、吐谷浑等新成员。鲜卑是兴起于我国东北大兴安岭地区的民族，大约在公元2世纪中叶，其首领檀石槐建立了横跨我国北方草原地区的军事大联盟，其势力范围向西达到了汉代乌孙居地伊犁河流域，鲜卑人也由此进入了新疆地区。柔然是我国北方草原古老民族东胡人的后裔，其在鲜卑人内迁之后崛起于漠北。公元402年，建立了柔然汗国，势力范围向西延伸到了焉耆。柔然人也因之成为新疆古代民族之一。高车原活动在今贝加尔湖以南鄂尔浑河、土拉河一带，役属于柔然，公元487年，西迁今吐鲁番一带建立了高车国。高车自然也成为新疆古代民族中的一个新成员。吐谷浑是鲜卑人的一支，西迁至今甘肃、青海一带，于公元

313 年建立政权，存世至唐朝时期，其强盛时期的疆域囊括了今新疆的若羌、且末等地。

隋唐时期活动在新疆地区的民族在原有基础上又有突厥人、吐蕃人、回纥人等。突厥人最初活动在今叶尼塞河流域，是铁勒中的一支，后迁至今博格达山附近地区，初役属于柔然，6 世纪中叶起逐步强大起来，建立了东起辽海、西至今里海的突厥汗国，公元 583 年，突厥分裂为东西两个势力，西突厥占有包括今新疆在内的西域地区。吐蕃是今天藏族的祖先，目前学术界一般认为其是在两千年前我国西北的羌族南迁进入青藏高原地区和当地的民族融合而形成。吐蕃 6 世纪末兴起于雅鲁藏布江流域，大致在隋朝时期完成了内部的统一。吐蕃虽然和唐朝保持着密切关系，但自公元 662 年后不断兴兵西域，和唐朝争夺对西域的控制权，一度占领了唐安西、北庭都护府辖境。回纥人最早进入西域的时间可以上推至"安史之乱"后。回纥曾经数次出兵协助唐朝与吐蕃争夺西域，虽然屡遭败绩，但为后来回纥人的迁入打下了基础。回纥（后改称回鹘）原为铁勒的一支，南北朝时期游牧于今土拉河北，曾经役属于突厥、薛延陀汗国，后在唐朝统一薛延陀的过程中崛起，并于公元 744 年建立了回纥汗国。回纥汗国雄踞漠北，但和唐朝保持着密切的臣属关系。公元 840 年因内乱汗国崩溃，部众分裂为数支。其中一部分在庞特勤的率领下西迁至今新疆地区。西迁新疆的回纥人和当地的其他民族尤其是葛逻禄不断融合，为今天维吾尔族的形成奠定了基础。

五代宋辽金时期是新疆各民族内部大融合的时期。先后出现的安西回鹘政权、西州回鹘政权、高昌回鹘政权以及喀喇汗王朝，为各民族逐渐融合提供了外部条件，以致塔里木盆地周围居民出现了回鹘化的倾向。但在新疆各民族内部融合的过程中，新成员的迁入并没有因此停止。公元 1124 年，曾经统一中国北方的辽朝灭亡。契丹贵族耶律大石率领一部分部众西迁，建立了西辽政权，其辖境包括了今新疆及其以西地区。这些契丹人被穆斯林和西方史籍称为喀喇契丹。

元明时期是新成员迁入新疆的又一个高潮时期。蒙古是 13 世纪兴起于蒙古高原的民族，其后建立了统一中国的政权——元朝。早在成吉思汗时期，蒙古人就开始向新疆发展势力，1217 年灭西辽政权，统一了包括新疆在内的中亚地区，分授术赤、察合台、窝阔台三子管辖。由此大量蒙古人迁入新疆地区。伴随着蒙古人的进入，新疆的民族开始了大规模的迁徙和移民浪潮。一方面蒙古人为统一新疆，征发大量的女真人、契丹人、汉人、西夏人前往新疆，统一后其中有不少人留驻于新疆，成为新疆的居民；另一方面，为统一和统治中国的需要，大量的新疆和中亚其他地区的色目人等被征发到内地。明朝时期，察合台后裔建立的东察合台汗国、叶尔羌汗国仍然统治着新疆的大部分地区。元朝及东察合台汗国、叶尔羌汗国的统治导致了新疆各民族的进一步融合。首先，蒙古人尤其是察合台汗国的蒙古人基本和维吾尔人融为一体，为维吾尔族补充了新鲜血液；其次，作为蒙古一支的瓦剌在 17 世纪初逐渐形成了准噶尔、杜尔伯特、和硕特、土尔扈特四部。

清代是新疆民族的定型时期，并最终形成了多民族聚居分布的格局。以西迁回鹘和葛逻禄、样磨为主融合而成的维吾尔人在清代得到了发展。清朝初期，维吾尔族主要聚居在南疆及吐鲁番、哈密等地区。后由于清朝招募维吾尔人赴伊犁地区屯田，分布区域逐步扩大，人口发展迅速，清末人口达到了 157 万。哈萨克族是清朝的"外藩"，其活动区域本不在今新疆境内。后由于受到沙俄侵扰，不少哈萨克人迁居到了伊犁、塔尔巴哈台等地。1871 年沙俄侵占伊犁后，大量哈萨克人进一步向内迁徙。至清末，塔城、伊犁、阿勒泰、昌吉、玛纳斯、乌鲁木齐、奇台、木垒、巴里坤以及甘肃、青海、西藏等地都有了哈萨克人分布。在这些民族分布地区不断扩大的同时，满族、达斡尔族、锡伯族、回族等也因各种原因迁入新疆。满族从清朝经营新疆开始就不断进入新疆，包括官员、驻防的军队、屯垦人员以及家属等。达斡尔族、锡伯族原为我国东北地区的民族，1764 年被清朝抽调到新疆戍边，后成为新疆的民族之一。回族是进入中国境内的阿拉伯人、波斯人、中亚等信仰伊斯兰教的商人以及元代被东迁的色目人和我国其他民族不断融合而形成的一个民族，其形成历史最早可以上溯到唐代。清代称新疆的回族为"汉回"，主要是从陕西、甘肃等地发遣到新疆屯垦的回族，至清末回族在新疆各地都有分布。乌孜别克、塔塔尔、俄罗斯等民族也是在清代由新疆境外迁入的。

值得说明的还有汉人的迁入。汉人大量迁入新疆始于汉代的屯田戍守，之后汉人的迁入就没有中断过，魏晋南北朝时期的鄯善、高昌；唐代的伊州、西州、庭州及安西四镇都聚居着众多的汉人；清代又有大量的汉人迁入。这些持续不断迁入的汉人，有些在历史发展的过程中逐步融合到了其他民族之中，有些则成为今天新疆汉族的先民。

纵观新疆的民族发展史，可以说是一部多民族迁徙流动、融合的历史。这里是上述众多民族的共同家园，不仅包括现代居住在新疆的各民族，也包括在历史发展中已经消失的民族，而不是哪一个民族专有的家园。另一个值得注意的现象是新疆现有的 13 个主要民族是众多民族在长期的不断融合过程中形成的，而融合的动力往往来自东部，尤其是我国北方草原地带民族的迁入是形成这些民族的主要力量。一定时期迁入的民族和原有民族在相互融合之后，又不断地和下一个时期新迁入的民族血肉交融，就这样，诞生了今天我国新疆的 13 个主要民族。

由此，可得出结论如下：

（一）新疆是一个多民族聚居地区

多民族聚居是新疆历史上民族分布的显著特点。今新疆境内活动的古人类既有欧罗巴人种，也有蒙古人种，同时还存在着两类人种的混合型，一方面反映着这一时期新疆已经不是单一人种的聚居地；另一方面也说明不同人种之间的融合早已存在。史前时期新疆在人种分布上的这一特点，既是新疆特殊的地理位置所导致的必然结果，也为其后新疆多民族分布的格局奠定了基础。

汉代新疆的民族分布呈现两大特点，一是多样性，北疆众多游牧民族、塔里木周缘和天山谷地的城邦诸国构成了新疆民族分布的主要特征；二是融合性，伴随着屯田的展开，大量的汉人进入新疆地区，为新疆的民族构成增加了新的成分。在汉代多民族分布的基础上，经过民族之间的融合和迁入，至魏晋南北朝时期，新疆不仅又增加了鲜卑、柔然、高车、嚈哒、悦般、吐谷浑等新的民族成分，而且民族之间的融合也频繁发生，兴起于新疆东部的高昌割据政权即是一个多民族的混合政权。隋唐时期，迁入与融合依然是新疆民族分布的主要特点，汉人、突厥人、回鹘人、吐蕃人等不断迁入新疆，一方面使新疆的民族分布更加多元化，另一方面为其后中亚地区居民的突厥化、新疆南部地区居民的回鹘化等新型的多民族分布格局奠定了基础。宋辽金元时期，新疆的民族进入了一个大发展时期，先是西迁的回鹘在新疆建立了数个政权，吐蕃势力退出新疆，契丹人进入新疆建立了西辽政权，促成了新疆民族分布和政治格局的变化；蒙古族兴起之后实现了对新疆及中亚地区的统治，新疆又出现了新一轮的民族迁徙浪潮。明清两代是新疆民族分布格局的确立时期，一方面满、锡伯等民族迁入新疆，多民族分布的格局依然存在，另一方面在长期的民族融合过程中众多现代民族开始形成。15—16 世纪，由于政治、经济、文化、宗教、语言等多方面的统一，塔里木盆地周边地区的众多民族逐步融合为维吾尔族，与此同时，哈萨克、乌孜别克、柯尔克孜等民族也最终完成了形成过程，其后由于屯田的发展以及治理的需要，大量的汉族、满族、锡伯族、达斡尔族、蒙古族等民族也纷纷迁入新疆，由此奠定了新疆 13 个主要民族聚居的格局。

多民族聚居的历史发展轨迹，一方面说明了新疆民族迁徙频繁，今天的多民族聚居格局是历史上众多民族长期迁徙、融合而形成的，另一方面也反映了今天 13 个主要民族是历史上众多民族长期迁徙、融合的结果。

（二）发展、演变的四个阶段

新疆多民族聚居格局的形成经过了四个发展阶段：史前时期是新疆多种族形成和奠基时期，这一时期虽然尚未形成现代意义的民族，但不同人种的分布已经为多民族聚居格局的形成提供了前提条件；汉唐是新疆民族迁徙和融合时期，这一时期多民族分布的格局已经形成，但多民族分布的格局并不是简单的存在，而是在相互之间不断融合的基础上有所发展；宋辽金元为新疆各民族进一步发展时期，这一时期是现代新疆多民族分布格局确立的奠基，众多新民族的迁入，尤其是回鹘的迁入，促进了新疆现代多民族分布格局的形成；明清为新疆多民族共存格局的确立时期，这一时期新疆的 13 个主要民族不仅在民族融合的浪潮中形成，而且相互之间结成了密切的关系，共同成为多元一体中华民族的组成部分。在新疆多民族聚居格局长期的发展过程中，值得指出的是各民族之间的互补和融合是一个突出的特点，也是一个客观规律。

新疆各民族之间的互补和融合可以在诸多方面体现出来。一是独特的地理环境使南疆传统的以农业为主的绿洲经济和北疆游牧经济具有较强的互补性，而地处欧亚大陆通道又使各民族成为丝绸之路上的一个个站点，频繁通过这些站点的人员和物资一方面连接起了欧亚大陆，另一方面则将各民族凝聚为一个整体。二是民族之间的相互交流和融合促成了各民族的不断发展壮大，诸如隋唐时期的高昌，宋辽金元时期的于阗李氏王朝、喀喇汗王朝、高昌回鹘汗国、西辽王朝，元代的窝阔台、察合台汗国等，无一不是在各民族之间的密切交流和融合中出现的多民族联合政权，而许多现代民族，诸如维吾尔、哈萨克、乌孜别克、柯尔克孜、俄罗斯等民族，也多是在历史上众多不同民族之间的融合过程中形成和发展起来的。三是新民族的不断迁入一方面推动了新疆多民族分布格局的发展，促成了新民族的诞生，诸如回鹘的西迁为现代维吾尔族的形成提供了基础；另一方面对稳定新疆的局势也起到了重要作用，进而为各民族的发展提供了宽松的社会环境。诸如汉唐时期汉族的屯田戍边，清代满族、锡伯族、蒙古族的西迁等，都是当时新疆社会稳定所必需的。四是新疆的众多民族，包括历史上已经消失的民族，都为新疆的发展以及丝绸之路的兴盛做出了突出贡献，共同创造了灿烂的西域文明。正因为有了这些互补和融合，才使得新疆各民族之间结成了"谁也离不开谁"的关系，并在近代抵御外强入侵的情况下结成牢固的整体。

（三）民族关系中存在和好交往，也有冲突战争

从新疆多民族聚居格局的发展和演变看，各民族之间的和好交往是新疆民族关系的主流，但不可否认，在历史上各民族之间的冲突和战争也是存在的，这是在阶级社会里民族之间交往的一种特殊形式。

在阶级社会里，民族关系受阶级关系的影响和制约。阶级社会的民族关系主要从两个方面表现出来：一方面各民族统治阶级把持和利用本民族的名义，同其他民族发生相互关系，表现为民族间的政治压迫、经济剥削、文化歧视，甚至社会排斥；另一方面则是各族人民之间的相互关系，各统治民族、被统治民族人民出于阶级利益的一致，而表现出来的以反抗各民族统治阶级的压迫、剥削，追求平等和有利于生产生活的社会环境的各民族人民之间的友好相处、经济文化交流和共同的斗争。民族之间压迫、剥削和歧视的存在是导致民族之间冲突战争的主要原因，新疆也不例外。在新疆民族关系史上，既有新疆各民族反抗历代王朝、割据政权统治者压迫而引起的冲突，也存在着历代王朝、割据政权统治者利用其他民族的力量镇压反抗或扩张势力的战争。应该说，这些冲突战争在一定程度上对新疆的稳定和发展、各民族之间关系的健康发展带来了危害，但同时这些冲突战争也是各民族形成关系的重要途径。一些民族在冲突战争中消亡了或迁出了新疆，但消失的民族或迁出民族的遗留部分却成为其他民族的成员，或与其他民族融合而形成了新的民族，而有些民族则随着冲突战争所带来的全疆或局部地区的统一，逐渐融合了辖境内其他民族成员，进而得到了发展和壮大，伴随着回鹘的西迁及喀喇汗王朝、高昌回鹘王朝的创建，回鹘人与塔里木盆地周缘众多人群逐渐融合，最终形成了一个新的民族共同体——维吾尔族。也就是说，尽管在历史上各民族之间存在冲突战争，但总的趋势却是在这些交往和冲突中各民族结成了"你中有我，我中有你"的密切的血肉联系。

（四）在反抗外来侵略斗争中多元一体中华民族爱国精神的升华

1840 年以后，由于西方列强对中国进行疯狂的侵略和掠夺，并强迫清王朝签订了一系列不平等条约，中国沦为半殖民地半封建社会，而新疆由于地处边疆，长期处于自然状态的多民族聚居格局发展历程不仅被中断了，而且各民族人民更是备受列强的欺压和凌辱。但是，长期以来形成的血肉关系已经将新疆各民族凝聚为一个牢固的整体，因而面对外敌入侵，共同的命运将新疆各族人民与全国人民紧密地联结在一起，奋起反抗。塔城各民族人民在徐天尧等人率领下进行的火烧沙俄贸易圈的行动，伊犁各民族人民为保卫伊犁而进行的各种抗争，南疆各族人民对中亚浩罕支持下阿古柏入侵的英勇抵抗，柯尔克孜族、塔吉克族人民为抵御英俄入侵帕米尔高原而进行的抗争等，这些壮举充分说明在外敌入侵面前，为保卫共同的家园，新疆各民族多元一体观念得到了空前加强。不仅如此，抗日战争爆发之后，地处西陲的新疆各民族人民的抗战热情更是空前高涨，不仅成立各种群众组织，动员全疆人民捐款、捐物，支援抗日前线，而且新疆地区成为抗战的大后方，众多援华物资通过新疆运入内地；中苏两国在迪化（乌鲁木齐）建立的航空教导队和飞机制造厂为抗日前线输送了大量航空人员，也提供了大量飞机，有力支援了抗日前线。在抗日战争过程中新疆各民族人民所表现出来的爱国热情，更说明了在国家危难面前，新疆各民族人民的国家观念得到了进一步升华，作为中华民族一分子的观念已经深入人心。抗日战争期间，维吾尔族年轻诗人黎·穆塔里甫所写的如下诗句即是这种国家观念升华的最好表现：

> 今后，让我们中国，
> 要雪恨，
> 要复仇，
> 要英勇地战斗！
> 要保卫，
> 要解放，
> 比我们生命还要宝贵的祖国！①

五　多种宗教在碰撞中并存

与新疆多民族分布格局形成的历史一样，新疆的古代和现代都不是一个单一宗教分布的地区。尽管某一时期以某一宗教为主，但多种宗教并存、在碰撞中发展的格局一直是新疆宗教发展的特点。

新疆的宗教经历了四个发展阶段，即原始宗教向多种宗教并存过渡阶段、以佛教为主的多种宗教并存阶段、以佛教和伊斯兰教为主的多种宗教并存阶段、以伊斯兰教和藏传佛教为主导的多种宗教并存阶段。

原始宗教是指处于初期状态的宗教，一般存在于尚不具备成文历史的原始社会中。虽然以原始宗教统称之，但信仰却因地区、民族的不同而存在差异。从现有的资料看，新疆的原始宗教信仰有太阳、月亮、图腾、植物、祖先等众多崇拜类型。原始宗教发展到萨满教阶段之后也应该是如此。因为农业、畜牧业等不同经济类型的存在自然会导致其信仰的差异。大约在公元前7世纪至前6世纪，琐罗亚斯德在波斯东部大夏（今阿富汗巴尔赫）创立琐罗亚斯德教，我国史书称为"祆教""火教""火祆教""拜火教"等，很快即传入了新疆地区。公元前1世纪，佛

---

① 《黎·穆塔里甫诗选》，作家出版社1957年版。

教也由印度经克什米尔传入和阗地区。新疆的宗教发展由此进入了多种宗教并存的时期。

魏晋南北朝隋唐时期在新疆宗教发展史上是以佛教为主、多种宗教并存的时期。这一时期，佛教得到广泛传播，并在各地统治阶层的大力支持下，很快进入了其发展的鼎盛时期。据史书记载，当时各绿洲城邦诸国，上至国王下至黎民百姓都虔诚地信奉佛教。佛教寺院不仅遍布各地，而且数量众多，香火旺盛。龟兹"其城三重，中有佛塔庙千所"①；于阗"俗重佛法，寺塔僧尼甚众，王尤尚信"；疏勒也崇信佛教，连其向北魏的贡品都是释迦牟尼佛袈裟；朱居槃（今莎车）"咸事佛"；焉耆"俗事天神，并崇信佛法"；渴槃陀国（今塔什库尔干）"亦事佛道"；鄯善"其国王奉法，可有四千余僧，悉小乘学"；等等。② 当时新疆佛教的兴盛在一些西行求法的中原僧人的行记中也有体现。法显的《佛国记》、宋云的《宋云行纪》等对新疆佛教盛行的状况都有较详细的记述。新疆现存的众多佛寺、千佛洞、佛画等遗址、遗物也都是当时佛教盛行的物证。

在佛教兴盛的同时，其他的宗教信仰也是存在的，原始宗教、道教、祆教、摩尼教、景教等也都在新疆地区有一定影响。

《魏书》卷101《高昌传》载：高昌"俗事天神，兼信佛法"；卷102《西域传》载：焉耆"俗事天神，并崇信佛法"。所谓"天神""佛法"反映的就是当时在高昌、焉耆祆教和佛教并存的状况。至五代时期，祆教仍然是新疆一些地方的宗教信仰。在北疆的一些游牧民族中，以萨满教为主的原始宗教信仰也很流行。柔然、突厥、回鹘等民族都是信仰萨满教的。伴随着汉人的迁入，道教也成为这一时期新疆的宗教之一。道教传入新疆的具体时间尚无定论，但吐鲁番阿斯塔那古墓出土的属于公元4—5世纪的随葬衣物疏中已经有了"如律令""急急如律令"等道教用语和青龙、白虎、朱雀、玄武等道教四方神的名字。摩尼教是公元3世纪由摩尼在祆教等其他宗教信仰基础上创立于波斯的又一种宗教，崇尚光明。中亚粟特人就信仰这种宗教，其传入新疆的时间当不会晚于7世纪上半叶。回鹘在西迁之前，摩尼教曾经是其国教，西迁之后的高昌回鹘政权也以摩尼

---

① 《晋书》卷97《四夷传·西戎》。

② 均见《魏书》卷102《西域传》。

教为国教。这不仅见于史书记载，吐鲁番地区发现的摩尼寺院文书也是证明。景教是基督教的一个教派，史书记载在唐太宗时期景教教徒即经由新疆来到了长安，其传入新疆的时间应该在此时或稍早。景教在新疆传播的情况虽然史书没有明确记载，但近代以来新疆吐鲁番地区发现了不少属于唐宋时期的景教遗物，诸如景教经典残片，这些经典多是用回鹘文写成的，而且内容涉及了人们的日常生活，说明景教已经渗透到回鹘人的社会生活中。

唐末五代初，伊斯兰教开始传入新疆。新疆的宗教发展由此进入了以佛教和伊斯兰教为主的多种宗教并存阶段。

伊斯兰教创立于公元7世纪，其传入新疆的时间一般以在喀喇汗王朝出现第一座清真寺为标志，大约是在9世纪末10世纪初，晚于其他地区两个多世纪。主要原因是希望通过宗教战争传播伊斯兰教的萨曼王朝在唐朝和突厥人的抵抗中屡遭败绩，传入新疆的伊斯兰教首先是在喀喇汗王朝统治区域内得到了广泛传播，喀喇汗王朝也由此成为新疆历史上第一个伊斯兰教政权。不断发生的宗教战争也成为这一时期新疆宗教发展史的显著特点，宗教战争首先爆发在信仰伊斯兰教的喀喇汗王朝和信仰佛教的于阗之间。1006年，喀喇汗王朝灭亡了于阗，占据了塔里木盆地西部和南部地区。与此同时，对信仰佛教的高昌回鹘政权的宗教战争也展开了，但由于内讧和喀喇汗王朝的解体，无果而终。

至西辽统治新疆时期，新疆的宗教已经形成了以佛教和伊斯兰教为主，道教、景教、祆教、摩尼教、萨满教等宗教并存的格局。佛教主要在高昌回鹘汗国境内和天山以北地区流行，汉、契丹、吐蕃等民族多信仰佛教；伊斯兰教则主要流行于新疆西部和南部地区；其他宗教则在佛教和伊斯兰教流行地区都有流传。延至元代，这种状况也没有发生显著的变化。

1347年，由蒙古人建立的察合台汗国分裂为东西两部。统治天山南北的东察合台汗国秃黑鲁·帖木儿汗皈依伊斯兰教，开始强制推行伊斯兰教，导致新疆地区大量蒙古人成为穆斯林。新疆的宗教也由此逐渐过渡到以伊斯兰教为主的多种宗教并存时期。

除强制大批蒙古人信仰伊斯兰教外，秃黑鲁·帖木儿还使伊斯兰教在库车取代了佛教的统治地位。其子黑的儿火者执政时期又将伊斯兰教推广到了今吐鲁番地区，1399 年起又将宗教战争的目标对准了佛教在新疆的最后一个中心——哈密。至 16 世纪初，佛教势力退出哈密。

伊斯兰教虽然取得了主导宗教的地位，在天山北路的卫拉特蒙古人中仍然信奉藏传佛教，加之清朝统一新疆后实行政教分离的政策，伊斯兰教并没有能够成为新疆的唯一宗教，佛教（包括藏传佛教）、道教、基督教、天主教、东正教等仍然为新疆众多的民族信仰。

和多民族分布的格局一样，新疆的宗教自有史以来也是多种宗教并存的状态，回顾新疆的宗教发展史，不仅有助于人们确立一个正确的宗教观，也有利于制定科学的宗教政策，协调和处理各种宗教之间的关系。

由此，可得出如下结论：

第一，宗教文化作为大文化概念，宗教文化的存在、演变与多种宗教文化的交融，有助于文化的发展、繁荣，反之，则会造成文化的衰败。

宗教是人类历史上一个古老而又普遍存在的文化现象，也是至今依然存在并对社会各方面都产生重要影响的客观现实。说宗教是文化现象，主要在于一方面宗教本身是文化的组成部分，另一方面宗教通过各种方式渗透到文化的各个领域，进而对文化的发展产生重要影响。多种宗教文化的存在、演变及相互交融，有助于文化的发展和繁荣，反之，则会造成文化的衰败，这在新疆的历史上表现甚为明显。

在新疆历史上，曾经有着众多具有不同类型的宗教，原始宗教、萨满教、祆教、佛教、道教、摩尼教、景教、伊斯兰教等先后在新疆广泛传播。新疆历史上多种宗教并存的格局是由新疆特殊的地理位置和多民族分布的特点决定的，新疆地处亚洲腹地，是古今联结欧亚大陆的主要通道和枢纽，特殊的地理位置决定了新疆是东西方经济、文化传播和交汇的地区，不同的宗教往往在这里交汇，之后再传播到内地或其他地区。民族是宗教文化的载体，但由于价值观念、生活方式和生产方式不同，不同的民族有着不同的宗教信仰，因而宗教的分布和民族或地方政权的分布存在密切关系，新疆多民族分布的格局由此也导致了多种宗教并存的现象。也正是因为有了多宗教并存的状况，历史上的新疆文化呈现绚丽夺目的色彩。但是我们也应该看到，个别时期由于割据政权奉行单一宗教的政策，为新疆文化的发展带来了严重的负面影响。诸如在喀喇汗王朝时期，由于统治者积极推行伊斯兰教，和信奉佛教并是当时西域佛教中心的于阗展开了近一个世纪之久的冲突和战争，战争不仅造成了于阗文化的急剧衰败，而且也对塔里木盆地西部和南部的社会经济造成了极其严重的破坏和难以估量的损失。当然，由于统治者推行单一宗教政策而给新疆文化所带来的严重破坏并不是新疆文化发展史的主流，主流依然是多种宗教的并存和交融，这也是新疆文化得以灿烂的主要原因之一。

第二，新疆地区宗教的演变和发展历史大致经过了四个不同的阶段。

从原始宗教到多种宗教并存时期、以佛教为主的多种宗教并存时期、佛教和伊斯兰教同为主要宗教的多种宗教并存时期、以伊斯兰教和藏传佛教为主导的多种宗教并存时期。

原始宗教是宗教最初的形态，和我国其他地区一样，新疆的原始居民也信仰原始宗教，新疆的远古居民不仅崇拜太阳，而且也崇拜动植物，正是这些崇拜构成了新疆原始宗教的主要内容，并最终导致了萨满教的形成。但是，值得说明的是，原始宗教自产生起就已经呈现各种不同的形态，诸如游牧民族对狼的崇拜，农业民族则崇拜老鼠；各个部落对图腾的崇拜更是呈现千差万别的状态。其后，祆教、佛教、道教、摩尼教、景教纷纷传入新疆地区，新疆进入了多种宗教并存的状态。魏晋南北朝初期，由于佛教在传播过程中日益兴盛，成为新疆地区的主要宗教，但道教、祆教、景教等也依然有着重要的影响，新疆由此进入了以佛教为主的多种宗教并存时期。9世纪末10世纪初，伊斯兰教开始传入新疆，但仅是在喀喇汗王朝境内传播，并和以佛教为主要信仰的于阗李氏王朝、高昌回鹘汗国形成鼎立之势，新疆的宗教开始进入佛教和伊斯兰教同为主要宗教的多种宗教并存时期。公元16世纪至20世纪，以伊斯兰教和藏传佛教为主导的多宗教并存格局形成。公元16世纪初，在伊斯兰宗教战争的打击下，新疆佛教势力从哈密退出，标志着伊斯兰教自公元10世纪传入，经过6个世纪的扩展，最终取代佛教成为新疆的主导宗教。但这种局面并未能维持很长时间。16世纪末，游牧于蒙古草原西部的卫拉特（准噶尔）蒙古人西迁进入天山以北的准噶尔盆地。在民族分布上形成"南回北准"的格局。卫拉特蒙古人信仰的藏传佛教很快遍布天山以北，与占据天山以南的伊斯兰教平分秋色，形成"南伊北佛（藏）"的格局。这一时期与伊斯兰教、藏传佛教并存的还有道教，另有新传入的基督教、天主教、东正教。

自古以来多种民族、多种文化并存的状况，决定了新疆历史上和今天多宗教并存的格局。在多宗教并存的历史中既有政教分离、和平共处的一面，也有长期对峙角逐，甚至有长达百年的宗教战争。后者的背景是世俗政权出于借助宗教维护其统治和扩展政治势力的目的，实行政教合一，采取宗教战争，在扩张政治势力的同时，相应的宗教的信仰也随之推向更为广泛的地域。

第三，伊斯兰教从来都不是新疆地区唯一的宗教，伊斯兰教在新疆地区的传播是特定历史时期的产物。

从新疆多种宗教并存的历史可以看出，伊斯兰教从来都不是新疆地区唯一的宗教，而且伊斯兰教最初在向新疆传播的过程中屡屡受挫，最终得以传入是当时新疆特定的政治环境导致的结果。

7世纪后期，由于信仰伊斯兰教的阿拉伯人对中亚的征服，中亚地区相继出现了几个信仰伊斯兰教的政权，但信仰伊斯兰教的萨曼王朝在向喀喇汗王朝发动的宗教战争屡屡遭到惨败，一方面说明当时伊斯兰教向新疆的传播受到了极大的阻力，另一方面也说明当时的新疆政治势力并不欢迎伊斯兰教的传入，由此导致了伊斯兰教传入新疆的时间比其他地区晚了两个多世纪。9世纪后期，萨曼王朝发生内讧，在内讧中失败的王子纳斯尔·本·曼苏尔逃入喀喇汗王朝，而一向仇视萨曼王朝的喀喇汗王朝统治者奥古尔恰克·卡迪尔汗为利用曼苏尔报复萨曼王朝，对其采取了支持政策，并同意曼苏尔在阿图什修建清真寺，伊斯兰教由此才得以传入新疆。伊斯兰教传入喀喇汗王朝境内之后，萨图克·布格拉汗试图利用伊斯兰教的势力推翻其叔父奥古尔恰克·卡迪尔汗的统治，因而不仅自己信仰伊斯兰教，而且在最终夺取喀喇汗王朝的统治权之后开始奉行单一伊斯兰教的政策，由此导致了伊斯兰教在新疆的广泛传播。在其后传播的过程中，伊斯兰教也是充分利用了割据政权的政治需要，如秃黑鲁·帖木儿汗为利用伊斯兰教势力加强内部统治的需要，与额什丁和卓家族实现了联合，而这一联合不仅导致了察合台汗国境内以蒙古人为主的居民纷纷接受了伊斯兰教，而且在新疆开始出现以和卓家族为代表的宗教势力。因此，我们可以说，当时喀喇汗王朝对外政治斗争的需要是导致伊斯兰教传入新疆的主要原因，而喀喇汗王朝内部政治斗争的需要又为伊斯兰教更广泛的传播提供了有利时机，其后和割据势力的结合成为伊斯兰教在新疆广泛传播的重要因素之一。

第四，宗教与世俗权力分离是新疆稳定的基础。

由于宗教具有特殊的影响力，历代王朝，包括新疆境内的各种割据势力都想利用宗教势力来加强自己的统治，这是新疆宗教并存格局不断发生变化的主要原因之一。应该说，宗教势力和历代王朝，包括新疆境内的各种割据势力的结合对于新疆的稳定也产生了一定的正面影响，但是宗教势力的过度发展往往也会给新疆的稳定带来严重危害，诸如佛教势力的过度发展不仅严重影响了当时的社会生产，而且频繁且大规模的宗教活动也加重了人民的负担，这也是佛教在隋唐时期之后呈现衰败的原因之一。而更重要的是，宗教与世俗权力的结合使一些宗教势力出现了干预政治乃至控制世俗权力的情况，成为危害新疆稳定的一大乱源，和卓势力的兴起即是一个突出的例证。

额什丁和卓家族和察合台汗国统治者的结合促进了伊斯兰教的传播，但同时也促成了额什丁和卓家族势力的不断壮大。和卓家族不仅得到了天山南路伊斯兰教教长的地位，世袭罔替，而且也获得了可以收取宗教课税等经济特权。势力不断壮大的和卓家族逐渐不再满足于已有的政治、经济特权，开始干预汗国的朝政，不仅插手大臣的任免，而且一度逼迫歪思汗退位，由此导致了汗国的内乱。额什丁和卓家族衰落之后，穆罕默德·谢里甫和卓家族继而兴起，其后不同的和卓家族势力在新疆依附不同的势力展开了长期的权势争夺，不仅导致了政治局势的不断恶化，而且经常引起战争，严重影响着新疆的稳定。迄至清王朝统一新疆之后，为稳定新疆局势，清王朝采取了政教分离的政策，使伊斯兰教对政治的干预处于非法地位，宗教势力对新疆稳定的影响才逐渐减弱，新疆也由此有了较长时期的稳定和发展。这一史实说明，只有宗教与世俗权力分离才能带来新疆的稳定，新疆的发展才会有宽松的政治环境。

值得特别指出的是，清王朝的政教分离政策虽然杜绝了宗教势力与世俗权力的结合，但20世纪初"泛伊斯兰主义"传入新疆后，由于宗教所具有的特殊影响以及新疆的宗教分布格局，一些分裂势力开始利用伊斯兰教不断进行分裂活动，又成为影响新疆稳定的重要因素，因而让人们正确认识新疆宗教的演变历史，肃清"泛伊斯兰主义"和分裂思想在新疆的流毒和影响是当前新疆宗教工作面临的重要任务。

六　多元文化的共存、交融与互补

新疆地处欧亚大陆交汇处，自古就是东西方文化交流的通道。加之众多的民族在此繁衍生息，不同的生产生活方式的长期维持，不同的宗教信仰在这里碰撞并存，多元文化共存、交融与互补一直是新疆文化形成和发展的显著特点。

考古资料显现的新疆远古文化即已具备了多元文化的特征。尽管由于资料的匮乏，我们还难以详细地认识远古时期新疆的文化构成，但出土有陶器的新石器遗址表明，新疆东部地区的远古文化具有农业文明的特征。而在北疆地区发现的细石器文化则明显属于牧业文明的类型，这些已经表明新疆的文化在形成阶段就不是单一的。进入有史书记载的年代以后，新疆文化的多元特点更加充分地显现出来，对此我们可以从众多不同的方面来认识新疆多元文化的共存、交融与互补。

从民族的角度看，如上所述，包括新疆在内的西域早在有文字记载以来就是一个多民族聚居的地区。一定时期内的众多民族之间虽然也存在着政治、经济、文化交流，乃至血肉的交融，但具体到某个民族，其文化则是具有独特特点的，诸如乌孙、大月氏、匈奴同属于游牧民族，但其文化则具有各自的特点。不仅如此，新疆文化的多元特点还表现在不断地有新的民族成分加入，使得新疆文化从民族角度看更加斑斓。

从社会制度看，不仅在不同的历史时期新疆存在着不同的社会制度，而且在同一时期其社会制度也因民族的不同、环境的不同而呈现不同的特点。如清代前期中央政府即根据新疆不同地区的特点，在制度方面分别采取了郡县制、伯克制、札萨克制、八旗制等不同的治理方式，之所以采取不同的管理方式，最主要的原因就是这些地方的风俗习惯不同、社会发展程度不同、生产方式不同，而这些不同则构成了清代前期新疆文化的多元特色。

从经济类型看，新疆地域辽阔，环境各异，不同的地区适合不同经济形态的发展，这也促成了新疆文化的多元。分布于塔里木盆地周围及其他盆地的绿洲、河谷地带，这些地区适宜农业生产，因而形成了具有农业特色的文化，汉代的"城邦诸国"即是；在北疆草原地区适宜牧业发展，因而形成了具有游牧特征的文化，汉代的乌孙、大宛即是；有些地方则适宜多种经济类型发展，因而形成了既有农业特色，也有牧业特点的文化，如汉代的鄯善"少田""民随畜牧逐水草"。[①] 这些因自然环境不同而形成的具有不同经济特点的文化，随着历代王朝对新疆的开发也在发生着变化。其中最主要的是因屯垦活动的加剧，农业区的分布不断扩大。至清代农业在以牧业为主的北疆地区也有了很大程度的发展，北疆文化也因之具有了农业文化的特色。

从宗教的角度看，如前所述，由于新疆在历史上是一个多种宗教汇集、碰撞、并存的地区，原始宗教、佛教（包括藏传佛教）、道教、祆教、摩尼教、景教、伊斯兰教、基督教、天主教、东正教等众多的宗教都曾经为不同时期的不同民族所信奉。这些宗教使不同的民族、不同的地区的文化具有了不同的宗教色彩。即便是某一民族、某一地区已经改奉新的宗教，放弃了原有宗教，但原有的宗教在其文化中也会留下深深的烙印，不可能为新的宗教完全取代，如回纥在漠北时期最先信仰萨满教，之后又改信祆教、摩尼教、景教、伊斯兰教，但萨满教的影响，我们在今天的维吾尔族文化生活中仍然可以找到其痕迹。在维吾尔族古文献《乌古斯可汗的传说》中记载了信仰萨满教的情况：乌古斯可汗在召集部落大会时，要按照萨满教的仪式在大帐的两侧各立一根木杆，木杆顶上挂上金鸡、银鸡，杆下分别拴上黑羊、白羊，后演变为木杆上挂羊头、牛尾、布条等。今天的维吾尔族百姓在朝拜麻扎时仍然在麻扎周围树木杆并在其上挂羊头、牛皮、布条，同时集体跳舞，这就是萨满教残留的影响。也就是说，多种宗教并存使新疆文化在一定的时期内具有了不同的宗教色彩。而某一地区、某一民族在历史上信仰过的不同的宗教的影响，已经成为其现在文化的组成部分。

从语言文字的角度看，由于新疆是一个多民族聚居的地区，其语言文字也呈现多元的特点。仅仅就文字来讲，佉卢文、焉耆—龟兹文、于阗文、摩尼文、梵文、汉文、突厥文、回鹘文、回鹘式蒙古文、察合台文、

---

① 《汉书》卷 96 上《西域传》。

满文、托忒文等众多文字，都是历史上聚居在新疆境内的民族所使用过的文字。至于历史上众多民族所使用的语言，虽然不会和历史上活动在今新疆地区的民族数量相同，但也不会相差很多。从目前已知的情况看，先后在新疆地区活动过的民族，诸如塞人、月氏人、匈奴人、汉人、羌人、鲜卑人、柔然人、突厥人、吐蕃人、回鹘人、粟特人、契丹人、蒙古人、波斯人、阿拉伯人、满族人、乌孜别克人、哈萨克人、柯尔克孜人等都有自己的语言文字。这就使得新疆不管是在同一时期，还是在不同时期，其语言文字都呈现多元的特点。以汉代为例，史书中所列"三十六国"有 24 国明确记载设置有专门从事翻译工作的"译长"，显示出在语言的使用方面"三十六国"之间以及这些政权和中原之间存在明显差异。这些为不同民族所使用的语言文字，有些随着民族的迁徙和融合而消失，有些则仍然为现代新疆的民族所使用。而伴随着一些原有语言文字的消失，又有一些新的语言文字随着新民族的迁入而进入。就这样，经过长期的发展，形成了目前新疆多语言文字并存的局面。就目前新疆主要民族所使用的语言文字来讲，除汉族、回族、满族通用汉语言文字之外，其他民族都有本民族通用的语言，其中维吾尔、哈萨克、柯尔克孜、蒙古、锡伯、俄罗斯等民族还有自己通用的传统文字。从语言学的角度讲，这些不同的民族语言分属于汉藏、阿尔泰、印欧三大语系，其下又可以分为不同的语族、语支和语组。也就是说，现在新疆的文化从语言文字的角度看也是多元的。

综观新疆文化的发展史，多种文化的并存、交融与互补是其显著的特色。

由此可得出结论如下：

第一，新疆文化的发展大致经过了多元文化的汇聚、多元文化的发展与交流、多元文化的融合、多元文化并存格局的确立四个阶段。

距今 4000 年前，新疆即有人类活动，而南疆的绿洲和北疆的草原，使新疆文化在形成时期即呈现以农业文明和牧业文明为主的多元特色。现有的考古资料和文献记载已经证明这些文化是最早活动在新疆地区的塞人、羌人创造的。这种多元文化的汇集，为新疆多元文化的发展与交流奠定了基础。两汉魏晋南北朝至隋唐时期是新疆多元文化的发展与交流阶段，以高昌、鄯善、于阗等文化为代表的绿洲文明凝聚了当地、中原和南亚及中亚乃至欧洲众多的文化因素，使新疆文化在多元中得到发展；在北疆地区，乌孙、匈奴、嚈哒、柔然、突厥等游牧文化在各自的发展过程中不断相互影响，使北疆文化在游牧文化状态下也呈现多元的特色；而随着汉人和吐蕃人的进入，中原文化和吐蕃文化也成为新疆文化的主要构成因素，使新疆文化在众多文化因素的交融中更加绚丽夺目，不断发展。宋至明时期，新疆文化依然呈现多元的特点，一方面回鹘、契丹、蒙古等民族先后进入新疆，为新疆文化带来了我国北方草原地区的文化因素，不同的文化开始在这里汇集、融合；另一方面伊斯兰教传入新疆，并在传播的过程中对新疆文化的发展产生重要影响，最终随着维吾尔等民族的形成使新疆文化具有了鲜明的民族特色。清代是新疆多元文化并存格局的确立阶段，以绿洲维吾尔文化、草原卫拉特文化、满汉文化为主体，包括众多其他民族文化并存的格局最终确立。

第二，多民族的共存是产生多元文化的前提。

民族是文化的载体，新疆多元文化的形成和不断发展得益于新疆历史上多民族共存格局的不断演变和相互影响，这种多民族的共存格局是新疆多元文化产生的前提。

新疆的早期文化是由塞人、羌人创造的，而依据学者对古人类遗骨的研究，史前新疆古人类具有蒙古人种、欧罗巴人种及两类人种的混合型三个不同的类型，也反映着新疆的古老居民已经有了多元的特征，由此也决定了史前新疆文化的多元特点。进入汉代以后，众多绿洲城邦民族的分布使南疆地区出现了各具特色的绿洲文化，而随着中原汉族的迁入和印度犍陀罗文化的传入，南疆逐渐形成了以汉文化为主体、东西方文化交融为特点的高昌文化圈，以佛教文化为主体的于阗—龟兹文化圈，以及两种文化体制并行的鄯善文化圈。北疆则由于乌孙、匈奴、嚈哒、柔然、突厥等游牧民族的存在和迁入，文化尽管具有一般游牧文化的特征，但由于这些不同民族的存在也呈现不同的特色。这一时期新疆多民族分布格局所导致的多元文化，在发展的过程中又因为汉唐时期大量汉人和吐蕃人的迁入而更加丰富多彩。唐代以后，回鹘人的西迁和伊斯兰教的传入虽然导致了南疆地区文化受到突厥文化和伊斯兰文化的影响，多元文化的发展呈现融合的趋势，但由于多民族的并存，尤其是契丹、蒙古等民族的迁入，新疆文化的多元性并没有消失。进入清代，新疆的多民族分布格局基本确立，维吾尔、汉、哈萨克、回、蒙古、柯尔克孜、塔吉克、锡伯、乌孜别克、满、达斡尔、塔塔尔、俄罗斯 13 个主要民族的并存，决定了这一时期的新疆文化依然具有多元的特征。因此，多民族的共存是新疆文化呈现多元特点的重要原因之一。

第三，交流与互补中汉文化、维吾尔文化以及卫拉特文化是多元文化的主流，影响深远。

多民族的存在和新疆地处欧亚大陆的接合部，不仅决定了新疆文化的多元特点，而且也决定了多种文化的交流与互补是新疆文化发展的主要特征之一，而在这种交流和互补中汉文化、维吾尔文化以及卫拉特文化是新疆多元文化的主流。

汉文化是较早进入新疆的文化之一。《山海经》《竹书纪年》等先秦时期的古籍，记载了在先秦时期中原与西域即有交往，西汉统一西域之后，伴随着大量汉人进入西域，汉文化不仅传入西域，而且对西域文化的发展起到了促进作用，凿井技术、礼仪制度、汉语言文字、书籍等在西域的传播，使汉文化一方面成为西域文化的重要组成部分，另一方面也对其他文化的形成起到了决定性的作用，高昌文化的兴起即是明显的例证。进入唐代，汉文化对西域文化的影响不仅更加明显，而且也成为西域文化的主体组成部分之一，大量的汉文文书的发现以及史书的记载充分证明了这一点。宋代之后，虽然突厥文化、伊斯兰文化成为新疆文化发展的主要影响，但汉文化的因素也并没有消失，表明汉文化依然具有很强的影响力。清王朝统一新疆之后，随着汉人的又一次大量迁入，汉文化在新疆文化中的主体地位最终得以确立，成为新疆文化的主要组成部分之一。

维吾尔文化是随着伊斯兰教传入和维吾尔民族的出现而形成的。公元 9 世纪末 10 世纪初，塔里木盆地周缘地区为喀喇汗王朝、高昌回鹘王朝辖有，由于操突厥语族语言的居民占多数，这一地区居民的回鹘化成为一种趋势，而伊斯兰教的传入并取得主导宗教的地位，至 15—16 世纪，伴随着维吾尔民族的形成，具有鲜明民族特色的文化也最终成为新疆文化的主要组成部分之一。

蒙古文化进入新疆是随着蒙古汗国对新疆的征服开始的，但由于元朝灭亡之后察合台、叶尔羌等汗国的蒙古人都融入畏兀儿人之中，所以具有蒙古文化特点并成为新疆文化主体之一的是卫拉特文化。卫拉特是明末清初准噶尔、杜尔伯克、和硕特、土尔扈特四部的合称，卫拉特蒙古和在清代迁入的察哈尔蒙古构成新疆蒙古族的主体。卫拉特蒙古信仰藏传佛教，有自己的文字——初为回鹘式蒙古文，后为托忒文，经济则以游牧为特点，因而形成了集游牧文化之大成的文化，不仅为新疆文化增加了新的内涵，也是新疆文化的主要组成部分。

第四，文化交融才能促使文化繁荣，文化排斥只能造成文化衰败。

回顾新疆文化形成和发展的历程，一个最值得总结的是新疆文化的形成和发展是不同文化交融的结果，这也是新疆文化之所以灿烂夺目的重要原因。

文化的产生是多方面因素作用的结果，其中不同的地理环境和经济形态是导致文化出现差异的主要因素。应该说，任何一种文化都是人类创造的宝贵遗产，是人类为适应特定的地理环境而在长期的生产、生活实践中创造出来的，并无先进与落后、优与劣之分。诸如北疆地区的以游牧为主要特征的文化是众多游牧民族创造的，这种文化和北疆适宜牧业生产的地理环境形成了完美的结合；而南疆地区的众多绿洲则适宜农业生产，因而生活在这里的众多民族则创造了绿洲文化。文化虽然没有优劣之分，但文化的发展却需要借鉴乃至吸纳其他文化的优秀成分，因为只有这样才能深化对自然界的认识，增强利用自然、改造自然的能力，进而促进文化的发展。诸如闻名于世的坎儿井是新疆文化中的一朵奇葩，但是它不是新疆文化中固有的成分，而是中原地区的凿井技术西传新疆的结果，因而坎儿井文化现象的出现是新疆文化和中原文化交融的产物，新疆文化的不断发展、繁荣就是在这种不同文化不断的交融中实现的。高昌文化是在中西文化交融的过程中，吸纳了游牧文化因素而形成并繁荣起来的；维吾尔文化则不仅传承了回鹘、葛逻禄及塔里木盆地原有的一些文化因素，而且吸收了伊斯兰文化的优秀成分，是在多种文化的交融中形成和发展起来的。当然，在新疆文化发展的历史上，我们也可以找到因文化排斥所导致的文化衰败乃至消失的现象，诸如于阗文化就是在喀喇汗王朝积极奉行单一文化政策，对佛教文化进行排斥，进而发动对于阗的宗教战争中毁灭的。

　　总之，新疆文化是由众多具有不同特点的民族文化构成的，这些民族文化本身虽然没有优劣之分，但却存在明显的差异。承认这些差异，并积极促进不同文化之间的认同，一方面是新疆文化整体发展的需要，另一方面也是政治认同的基础与前提。

七　屯垦戍边的历史定位

　　与历代王朝对包括今新疆在内的西域进行有效统治的历史相比，历代王朝在这一地区的屯垦戍边历史则要略长一些。在西汉王朝于公元前60年设置西域都护管辖西域之前，屯垦戍守就已经开始了。

　　历代王朝在今新疆地区的屯垦戍边始于西汉时期。据史书记载，西汉早在公元前105年前后即开始在眩雷（今伊犁河谷地区）屯田，目的是联合乌孙防御匈奴。之后不久，西汉王朝在渠犁、伊循等地也开始开设屯田，但真正大规模的屯田则是在公元前68年以后。西汉王朝屯田的目的，最初是解决来往使者的粮食供应问题，后由于屯田军队在统一西域过程中发挥了重要作用，至西域都护设置后，西汉王朝在西域的屯田规模和地点也逐渐扩大。屯田遂成为西汉王朝解决驻军和来往使者、商人的粮草供应的重要途径，而屯田士卒则成为西汉王朝统一、统治西域的一支重要力量。由于屯田既可以解决粮食等物资的供应问题，同时屯田人员又可以成为戍守和维持西域社会安定的重要力量，所以屯田这一措施为汉以后的历朝各代所效仿。但是，因不同朝代所面临的西域形势、国力强弱、经营方略不同，所以在屯田方面的作为和屯田的效果也有较大差异。从新疆屯田的发展史看，西汉、唐、清三代是规模较大、效果显著的时期，而且依次在前代的基础上又有一个大的发展。

　　唐朝在西域的统治，如果从公元630年开始计算，至8世纪末西域为吐蕃占领，前后长达160多年，其屯田时间之长、规模之大、分布地点之广都是前代所无法比拟的。唐王朝统一西域后在西域的基层军事建置是军、镇、城、守捉、戍、堡，分别驻有不同数量的兵马，这些驻军在戍守的同时，为了解决军队和来往使者、商旅的供应也大规模地从事屯田开发、放牧等。《资治通鉴》卷 223 载："唐自武德以来，开拓边境，地连西域，皆置都督、府州、县。开元中，置朔方、陇右、河西、安西、北庭诸节度使以统之，岁发山东丁壮为戍卒，缯帛为军资。开屯田以供糗粮，设监牧畜马牛，军城戍逻，万里相望。"对于唐王朝在西域屯田的具体规模，《唐六典·屯田郎中》记载得更为详细："安西二十屯，疏勒七屯，焉耆七屯，北庭二十屯，伊吾一屯，天山一屯（注：一屯为 50 顷）。"反映着当时唐王朝在包括今新疆地区在内的广阔的边疆地区进行戍守的同时也从事大规模屯田的情况。

清王朝在新疆的屯田，根据其功能或称为屯田目的的不同，我们可以将其分为三个阶段：1715—1759 年为第一个阶段。这一时期，清王朝和准噶尔的关系时战时和。清王朝的势力仅仅到达了新疆的东部，屯田也仅限于哈密、吐鲁番、巴里坤等地。屯田的目的是满足军事行动的需要，而且受双方关系的影响也时屯时撤。1759—1860 年前后为第二个阶段。这一时期，由于清王朝完成了新疆的统一，屯田是因戍守的需要而兴起，并逐渐发展到军屯、民屯、犯屯等多种形式。清王朝在新疆的屯田得到了飞速发展，并取得了显著效果。1860 年以后为第二阶段，即屯田的复兴阶段。这一时期，新疆面临着新的情况，来自外部的沙俄、英等帝国主义势力及浩罕汗国对新疆的侵略，和新疆内部各民族反对外来压迫、内部剥削的起义交织在一起，一度摧毁了清王朝在新疆的统治体系。但左宗棠对新疆的收复，及新疆的建省，不仅进一步巩固了新疆各民族自古就建立起来的血肉联系，而且也使屯田再度复兴。

屯垦戍边是历代王朝治理新疆政策的重要内容之一，通过对历代王朝屯垦戍边方略的回顾与总结，可以得出结论如下：

第一，屯垦戍边是中国治边政策的主要内容之一，极富中国特色，实践也证明是行之有效的。

屯垦戍边早在秦代即是秦王朝治边政策的主要内容。秦王朝统一中国之后，先后在岭南和河套地区移民屯垦戍边，其规模前者是 50 万人，后者则是设置 44 县进行安置，为维护边疆安定起到了十分重要的作用，史书载："匈奴单于曰头曼，头曼不胜秦，北徙。十余年而蒙恬死，诸侯畔秦，中国扰乱，诸秦所徙适戍边者皆复去，于是匈奴得宽，复稍度河南与中国界于故塞。"① 即是对这一政策实施效果的记载。正是看到了秦王朝移民实边所取得的效果，进入汉代之后，屯垦戍边成为汉王朝治边政策中的一项主要内容，只是屯垦的人员由犯人改为军队和一般百姓。汉代的屯垦广布于西北、北疆、东北等地区，一方面为汉王朝解决了军队的补给问题，另一方面也为维持边疆稳定保持了一支重要的军事力量，对边疆稳定起到了十分重要的作用，赵充国利用屯垦顺利平息西羌反叛即是一个很好的例证。② 有了秦汉两朝的成功经验，汉代之后的各王朝，包括割据时期的众多割据政权都将屯垦戍边作为其治理边疆的重要政策。隋、唐、宋、辽、金、元、明、清各朝更是这一政策的积极推行者，尤其是清朝，不仅将屯垦戍边作为治边的主要政策，而且将屯垦的形式由军屯为主发展为民屯、遣屯、旗屯、回屯等多种形式，不仅使这一古老而年轻的政策在边疆治理中的作用得到了充分发挥，而且对边疆经济社会的发展也起到了极大的促进作用。

第二，新疆屯田三个阶段的划分，反映出一个普遍的规律。

通观历代王朝西域屯田的兴衰史，我们不难发现一个带有普遍性的规律：举凡在西域实施稳固统治者，其在西域的屯田也都卓有成效；反之，举凡西域屯田成效显著者，其在西域的统治也多牢固，二者相辅相成，联系密切，互成因果。从历代王朝西域屯田的发展历程，我们不难看出西汉王朝、唐王朝、清王朝三朝时期是西域屯田的大发展时期，而且代表着西域屯田事业三个发展阶段的最高水平，其在西域的统治也相对稳固，其他王朝则是在三个王朝的基础上效果逐减，甚至一无建树，其在西域的统治则多充满着挫折，甚至是被迫放弃了对西域的统治。从史书的记载看，造成这种状况的原因是多方面的，但主要的原因还是在于各王朝国力的强弱、西域政策的进取与否，以及西域屯田事业的发展程度。西汉王朝、唐王朝、清王朝三朝在立国之初都普遍面临着来自北疆或西北疆的重大威胁，而强大的国力又为王朝解决这些威胁提供了坚实的基础，因而各王朝都将对西域的统一和统治作为解决威胁的当务之急，采取了积极进取的政策。在积极经营西域的过程中，各王朝又都将屯田作为统一和统治西域的

---

① 《史记》卷110《匈奴列传》。

② 参见《汉书》卷69《赵充国传》。

重要措施而加以实施，不仅克服了西域远离中原补给困难的弊端，使西域地区一直保持着一支足以巩固其统治的军事力量，而且这些驻军因为屯田的开展也不会给当地各民族增加负担，同时大量民屯人员的进疆也改变了西域地区的民族构成，更加有利于实施对西域的治理。与三王朝相比，其他王朝则没能有效地发挥屯田在西域统治中的作用，而多是以西域远离中原、补给困难作为其缺乏进取性经营西域政策的理由。关于这一点，从东汉王朝对西域的经营中可以清楚地看出来。东汉王朝建立之初，西域诸国皆遣使者请求派遣西域都护，这本来是一个有利于东汉王朝统一西域的极好时机，但光武帝刘秀却以"天下初定，未遑外事"为由而加以拒绝。孝明帝时期，出于对匈奴用兵的需要，东汉王朝虽然完成了对西域的统一，但又陷入了"三绝三通"的怪圈，其中主张放弃西域的理由之一即是"远屯伊吾、楼兰、车师戊己，民怀土思，怨结边域"，不愿意"弃中土之肥饶，寄不毛之荒极"①。从西域屯田发展的情况看，这种理由根本就是难以成立的，因为只要积极地发展屯田事业，这些弊端都是可以克服的，班超对西域的第二次统一，以及唐王朝后期吐蕃隔断西域和中原的联系，而坚守西域的将士依靠屯田仍然能够抵抗吐蕃数十年之久就充分说明了这一点。从我国历代王朝西域屯田的历史经验，充分说明边疆屯田是实施统一、治理的积极有效的措施，而边疆屯田及其所带来的边疆经济社会的发展，则更加巩固了历代王朝对边疆的治理。

第三，新疆屯垦戍边的特点。

历代王朝在西域屯垦的主要特点，可概括为六点：

一是时间长。西汉在西域屯垦 113 年，东汉在西域屯垦 128 年，魏晋两朝在西域屯垦共 96 年，十六国和北朝各代在西域屯垦时间较短，隋朝在西域屯垦时间只有 10 年，唐朝在西域屯垦有 160 多年，五代和宋明两朝在西域没有屯垦，元朝在西域屯垦只有 20 年。而清朝在西域屯垦，从 1716 年开始，到 1911 年清朝崩溃，共经历了 195 年，是中国历史上在西域屯垦时间最长的朝代。

二是范围广。清朝在西域的屯垦，东起哈密的塔勒纳沁，西到喀什噶

---

① 《后汉书》卷 48 《杨终传》。

尔，南抵和阗的昆仑山麓，北到额尔齐斯河以北的阿尔泰。二十四个屯区，分布面广。其中天山以北有巴里坤、木垒、奇台、孚远、阜康、乌鲁木齐、昌吉、景化、绥来、库尔喀喇乌苏、精河、伊犁、塔尔巴哈台和阿尔泰十四大垦区；天山以南有哈密、吐鲁番、喀喇沙尔、库车、阿克苏、乌什、巴尔楚克、喀什噶尔、叶尔羌与和田十大垦区。它们遍布准噶尔盆地和塔里木盆地周缘。

三是人数多。西汉在西域屯军有 2 万余人，东汉的屯军有 5000 人，魏晋十六国和北朝时的屯军 2000 余人，元朝在西域的屯垦军民达 5.7 万余人，五代和宋明两朝，因没有屯垦故无屯军。清朝前期在西域屯丁共有 12.67 万人。

四是种类全。清朝以前在西域的屯田，主要是军屯。两汉时期，以军屯为主，只有少量的民屯和犯屯。魏晋两朝时期，以军屯为主，其次是民屯；隋朝时，主要是军屯，其次有犯屯；唐朝时，以军屯为主，其次有民屯和犯屯；元初时，主要是军屯，其次是民屯。清朝在西域的屯田，不仅兴办了军屯、民屯和犯屯，而且增加了历史上所未有的旗屯、商屯和回屯。各种屯垦的规模，也都超过以往各代在西域的屯垦。

五是民屯为主。清朝以前，各朝在西域的屯田，主要是军屯，屯垦的主力都是从内地调往西域的边防军。清朝在西域屯垦的骨干和核心，也是在西域戍边的军队，但清朝在西域屯垦的主力，不是军队，而是各族民众。清朝军屯只为民屯扫清了道路，创造了条件，后来部分军屯转成民屯，民屯成了西域最主要的屯田形式。

六是各朝的战略重点决定屯垦的区域。西汉以来，历代在西域的屯垦，主要分布在天山以南各绿洲，天山以北地区屯垦很少，即如唐朝，11个大垦区中，天山以南也占了 6 个，当时三大屯垦中心中，龟兹、西州都分布在天山以南。由于历代政府长期集中在天山以南地区屯垦，更强化了新疆南农北牧的区域经济发展格局。清朝开始重在天山以北屯垦，这是由清朝政府统一西域的战略大局决定的。清朝政府在天山以北长期布防军队，这批驻防大军需要大量军粮，因此清朝政府把屯垦重点放在天山以北的准噶尔盆地也就是自然而合理的选择。

综观 2000 余年新疆屯垦史，可以得出以下结论：屯垦兴，则边境宁，西域兴；屯垦衰，则西域乱，外患内忧，民不聊生。明代思想家李贽说，屯田是千古之策。这是古人对国家治理和发展的历史思考，是治国安邦之千古名言。

八 研究新疆历史应面对现实与未来

在以往对新疆的研究中，学者们关注的重点是新疆的历史，对新疆的现实少有关注，走的是一条从学术到学术的路子。就是有了解新疆现实的愿望也是抱着为更好地研究历史而进行的，多是希望通过对新疆现实的考察来增加对一些历史问题的感性认识，或在考察中寻找、发现研究新疆历史的新资料，以弥补史书记载的不足。如自 20 世纪兴起的对新疆的考察，尽管国人的考察活动在组织上既有官方、学术团体组织的，也有个人进行的，但考察的内容很少有将新疆的现实问题作为考察的重要目的，因而这些考察活动流传下来的成果也多以考古类的著作为主。新中国成立以后，受到各种因素的影响，在新疆现实问题研究中"禁区"林立，更加影响到了学者们对新疆现实问题的关注和研究。这种状况一直到改革开放以后才逐步得到改变。

研究新疆历史应面对现实和未来，是当代新疆的现实向我们提出的要求。新疆是一个多民族聚居、多宗教汇集的地区，维护各民族团结和社会稳定本来就面临着许多困难，而且还要在这基础上促进新疆经济社会的发展，其所面临的困难自然更多。新中国成立以来，尤其是改革开放以后，由于采取了正确的民族政策、宗教政策，以及积极发展新疆经济的其他政策，新疆的经济社会有了飞速的发展。但是，我们也应该清醒地看到，新疆的发展也面临着许多挑战。其中分裂势力的干扰和破坏是新疆发展所面临的重大挑战之一。从目前新疆分裂势力的情况看，其分裂思想、活动方式以及目的都和历史上新疆的分裂活动有着先后相继的关系，而且为达到其分裂新疆的目的，分裂势力对新疆的历史也大肆歪曲和篡改，以蒙蔽广大群众。如何维护多民族、多宗教地区的民族团结、社会稳定，如何打击分裂势力的活动，以及在新形势下如何促进新疆的快速发展等，这都是当代新疆的现实。为新疆历史的研究者提出的重大课题，都是需要新疆历史的研究者来回答的问题。一方面，我们对新疆历史的研究，尤其是对历代王朝治理新疆政策成败得失的研究，可以为现代新疆的发展提供借鉴。同时，我们更应该关注现代的新疆，将现代新疆也纳入研究范围之内，使研究直接服务于现实，服务于未来；另一方面，正确地阐述新疆的历史，以驳斥分裂势力对新疆历史的歪曲和篡改，也需要新疆历史的研究者关注新疆的现实。

研究新疆历史应面对现实和未来，也是中国边疆研究学科发展的需要。以往了解现状是为了研究历史的状况，在一定程度上限制了历史研究的发展，也使历史研究的价值难以得到充分发挥。而现在研究历史是为了更好地了解现状和解决现实中的问题，已经成为越来越多学者的共识，也是学科发展的需要。爱国主义思想是中国边疆研究的优良传统，近代以来边疆研究包括新疆历史研究的兴起，应该说是和当时我们所面临的边疆危机直接联系在一起的，也就是说关注现状也是新疆历史研究的传统。只是在一定时期内由于受到各种因素的影响，学者们对现状的关注程度被削弱了，研究的重点也因之转到了对历史问题的研究上。改革开放以来，各个学科的发展都迎来了一个广阔的发展空间。中国边疆研究学科包括新疆历史的研究要想发展就需要面对现实和未来，因为只有关注现状、面对未来，我们的研究领域才能不断扩大，研究的成果才能直接服务于社会，其价值才能得到充分体现。

（本文首发于郝时远、罗贤佑主编《蒙元史暨民族史论集——纪念翁独健先生诞辰一百周年》，社会科学文献出版社 2006 年版）

16—19 世纪中叶的塔里木盆地诸民族

在中央亚细亚东部，是中国的新疆地区。天山山脉将这一地区分隔成两个自然条件不同的区域。

天山以北为准噶尔盆地，以南为塔里木盆地。准噶尔盆地形似一个等腰三角形，东北面是阿尔泰山，西北面只有一些高度不大的小山脉，盆地南面是天山山脉，东西两边都没有形成封闭式屏障。

塔里木盆地三面都被长年冰封的高峰包围，北面是天山山脉，南面是昆仑山脉和阿尔金山脉；西面是帕米尔高原，只有少数峡谷和山口可以穿越。塔里木盆地东面相对低敞，与河西走廊相连。盆地中央为面积辽阔的塔克拉玛干沙漠。天山山脉、昆仑山脉和帕米尔高原的雪水形成许多内陆河流，从不同方向流向沙漠，形成星罗棋布的大小绿洲。绿洲面积不大，彼此为沙漠所间隔，现在生活在这些绿洲上的居民多数是维吾尔族人。16—19 世纪中叶，这一地区先后由叶尔羌汗国、准噶尔政权和清政府管辖统治。

一　叶尔羌汗国统治下的塔里木盆地诸民族

叶尔羌汗国创建于 1514 年，创建者速檀·赛义德汗是东察合台汗国秃黑鲁·帖木儿汗后裔，东察合台汗国东部统治者阿黑麻汗第三子。

1225 年，成吉思汗分封诸子，次子察合台得到从畏兀儿地一直延伸到河中草原，并逐渐将天山以南塔里木盆地周缘绿洲和河中农业地区并入自己领地，史称察合台及其后裔统治为"察合台汗国"。14 世纪初，察合台汗国内部斗争日趋激烈。1346年，巴鲁剌思部异密合札罕杀死合赞汗，另立新汗；次年，察合台汗国东部蒙古贵族朵豁剌惕部异密播鲁只在阿克苏扶立察合台后裔秃黑鲁·帖木儿为汗，史称"东察合台汗国"，而由巴鲁剌思部异密帖木儿统治的察合台汗国西部地区，史称"帖木儿帝国"。

东察合台汗国在秃黑鲁·帖木儿的儿子黑的儿火者汗（1389—1403年在位）统治时期，疆域基本确定下来，由三部分组成：

一是，蒙古斯坦，意为蒙古人生活的地方，东起阿尔泰山，西到塔拉斯河之东的沙漠，北界塔尔巴哈台山至巴尔喀什湖一线，南抵天山山脉。这一地区有草原、高山和谷地的牧场，宜于畜牧。

二是，畏兀儿地，意为畏兀儿人生活的地方，包括吐鲁番、焉耆两个地区，这里既有农业，也有畜牧业。

三是，向阳地，包括葱岭以东、塔里木盆地西缘的喀什噶尔、英吉沙尔、叶尔羌、和阗、阿克苏、乌什和葱岭以西的费尔干纳地区，以及塔什干地区。此时是朵豁剌惕部异密家族的世袭领地，这里主要是农业和半农半牧地区，居民主要是畏兀儿人及其他突厥语族的民族。

16世纪初，东察合台汗国第12位汗王马合木执政时，与侄子赛义德发生冲突，失败后于1508—1509年（伊斯兰历914年）投奔乌兹别克的昔班尼汗，被杀害，赛义德之兄满速儿继为汗，满速儿死于1543年。在此之前满速儿之弟赛义德已在1514年建立了一个新政权——叶尔羌汗国。至1570年，叶尔羌汗国出兵俘虏了东察合台汗国汗王马连（满速儿长子沙的叔伯兄弟），将吐鲁番、哈密并入叶尔羌汗国，宣告东察合台汗国灭亡。

16世纪初直至17世纪80年代，塔里木盆地处在叶尔羌汗国的统治之下，共经历了12位汗王，其传承如下：①

① 据魏良弢《叶尔羌汗国史纲》附录三、附录四综合，黑龙江教育出版社1994年版，第198—199页。该书系中国社会科学院中国边疆史地研究中心主编"边疆史地丛书"之一。

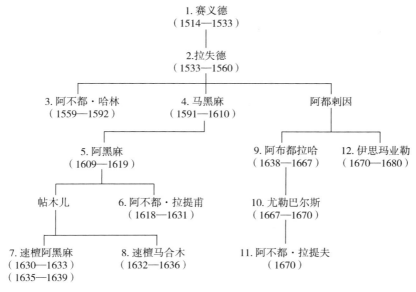

赛义德汗为扩大叶尔羌汗国疆域南征北战，1529 年赛义德汗亲率大军进入巴达克山。他的先锋、《拉失德史》一书作者马黑麻·海答儿·朵豁剌惕率领军队洗劫了哈拉札法城周围地区，把"所剩下的很少一些财物，统统抢光"①。1532 年，赛义德汗率军出征西藏，当他到克什米尔因高山反应得重病，在返回途中，于 1533 年 7 月死于拉达克。

赛义德汗死后，长子拉失德继位。拉失德汗是一位很有作为的君主。他主政叶尔羌汗国时期（1533—1560），彻底摧毁了朵豁剌惕部异密家族的势力，汗权得到进一步巩固，汗国领土也得到扩大，蒙古部族在城市和农业地区定居下来，开始同当地居民融合。叶尔羌汗国在拉失德汗之子马黑麻汗统治时期（1591—1610）达到鼎盛。此时汗国疆域，东至嘉峪关，与中原相接；北面以天山山脉为界，与哈萨克、布鲁特、瓦剌为邻；西面包括整个帕米尔及希瓦地区；西南达喀喇昆仑山；南面达昆仑山、阿尔金山。"叶尔羌、喀什噶尔、阿克苏、乌什、库车、察力失（焉耆）和吐鲁番直至哈密城，以及和阗与色勒库尔直拉拉矿，这些领地都用马黑麻的称号虎图拜（伊斯兰教祈祷仪式）和冲制币"②，葡萄牙人鄂本笃在游记中记述他

① 《拉失德史》汉译本，第 2 编，第 346 页。
② 楚剌思：《编年史》俄译本，第 177 页。

亲眼看到叶尔羌城"商贾如鲫，百货交汇"，旅途安谧，一派繁荣景象。①

马黑麻汗死后，汗国统治集团为争夺汗权纷争日趋激烈，30 余年间，汗王频繁更迭。1639 年，马黑麻汗侄子阿布都拉哈汗执政，汗国一度振兴，史称阿布都拉哈汗为"中兴之王"。阿布都拉哈汗对内强化汗权统治，对外抵御正在兴起的卫拉特贵族的进攻，在和阗地区和阿克苏两次挫败卫拉特的军事进攻。阿布都拉哈汗还与新兴的清王朝加强联系。1655 年，阿布都拉哈汗直接向清朝遣使通贡，顺治皇帝特加赏赉，降诏褒奖，"自此以后，着五年一次来贡"②，叶尔羌汗国与清朝建立了固定的"朝贡"关系，这是中国封建时期政治和经济和好关系的一种独特类型。

在阿布都拉哈汗统治时期，白山派和卓势力兴起，向长期占优势地位的黑山派和卓势力挑战。"和卓"一词，原为波斯语，其形式为 Khwaja，最初用来称呼市民中的显贵，后用来称呼宦官。该词进入阿拉伯语后，形式为 Khuwaja，近代形式为 Khawaja，意为"先生"。其突厥语形式为 Khoja。在现代维吾尔语中 hoja 一词解释，一是据称是穆罕默德的后裔，一是封建社会上有财富、地位显赫的人，相当于老爷、大人的称号。白山派和黑山派同属纳克什班底教派，都是玛哈图木·阿杂木的后裔。玛哈图木·阿杂木（1461—1543）去世后，长子玛木特·额敏（以伊禅卡朗著称）与四子伊斯哈克·瓦里为争夺教派领导权展开了斗争，逐渐形成两个派系集团，即白山派和卓和黑山派和卓。

16 世纪后期，在马黑麻汗支持下，黑山派和卓在叶尔羌汗国得到发展，成为一支在伊斯兰教内其他宗派不能与之抗衡的势力，积极干预世俗政治，把触角伸向社会各个层面。大约到 17 世纪 20 年代，白山派和卓的势力也渗入叶尔羌汗国，代表人物是伊禅卡朗第四子玛木特·玉素布。玛木特·玉素布最初居于哈密，娶当地宗教贵族赛义德·捷里力之女为妻，生伊达雅图勒拉（日后以阿帕克和卓著称）。17 世纪 30 年代末，和卓玛木特·玉素布定居喀什噶尔，当地总督尤勒巴尔斯汗（叶尔羌汗国第 9 位汗王阿布都拉哈汗之子）为增强自己实力，处处倚重白山派和卓，积蓄力

---

① 《鄂本笃之来中国》，载张星烺编注，朱杰勒校订《中西交通史料汇编》第 1 册，中华书局 1977 年版，第 421 页。

② 《清世宗实录》卷130，顺治十三年九月丁未。

量，准备夺权。1667 年，尤勒巴尔斯汗在汗权争斗中获胜，率军进入叶尔羌，其父阿布都拉哈汗在众叛亲离的情况下，只好以"最体面"的方式放弃汗位——去阿拉伯朝圣，后死于国外。尤勒巴尔斯汗为稳固汗权，支持白山派和卓对撤往阿克苏的黑山派和卓进行镇压，"处死那些随和卓玛木特·阿布都拉一起去阿克苏的人们留在叶尔羌的家属，包括妇女和儿童"①，并率军进攻阿克苏。但是三年后，阿克苏总督伊思玛伊勒汗（尤勒巴尔斯汗叔父）在黑山派和卓支持下攻占了叶尔羌，登上汗王之位，黑山派和卓对白山派和卓势力进行清洗。白山派首领阿帕克和卓逃出喀什噶尔，潜入克什米尔，后又进入西藏。他得到达赖喇嘛指引，投靠了卫拉特蒙古准噶尔首领噶尔丹。噶尔丹势力的介入，使叶尔羌汗国汗权争斗更趋激化。

叶尔羌汗国时期，是新疆历史上经济文化的复苏时期，也是塔里木盆地周缘诸民族复兴时期。从西辽政权衰亡，蒙古铁骑进入这一地区后，战乱连年，社会动荡，人口锐减，社会经济遭到严重破坏。叶尔羌汗国的建立，是察合台汗国，特别是其统治集团内部继续保持草原游牧生活方式还是转向农业定居生活方式两种政治势力长期斗争，而后者最终取得胜利的结果。这时出现了相对安定的社会环境，经济开始复苏，人口也有所增长。据史籍记载推算，叶尔羌汗国，特别在中期总人口在 50 万左右。其中，农业地区定居人口当在 40 万左右，分布基本上集中在喀什噶尔、叶尔羌、和阗三个地区，阿克苏地区农业人口亦应不少。农民是整个社会的经济基础。

察合台汗国时，当地定居民变成汗的臣民，向汗交纳赋税。这些定居民除农民外，还包括手工业者及其他定居居民，被称为"秃曼"。叶尔羌汗国的社会经济各方面状况，穆斯林史籍几乎没有留下任何记载。清朝在平定大小和卓叛乱过程中，对当地社会做过一些调查，1759 年参赞大臣舒赫德向乾隆皇帝报告："查回人旧制，征收粮石，系十分取一，载在经教。至阿克苏城，乃旧汗公地，收获时则系平分。"②魏良弢教授根据这项清代乾隆时期的调查材料，结合其他史料，在其《叶尔羌汗国史纲》第七章③中做了

---

① 楚剌思：《编年史》俄译本，第 242 页。
② 《清高宗实录》卷 582，乾隆二十四年三月戊子。
③ 魏良弢：《叶尔羌汗国史纲》，黑龙江教育出版社 1994 年版。

分析，现综合概述魏良弢教授的见解。

关于土地制度状况。叶尔羌汗国的土地制度大体可分为三类，即国有土地、私有土地和伊斯兰教寺院、墓地所有的土地。

（一）国有土地

调查材料所说的"旧汗"，即叶尔羌汗国的诸汗；所说的"公地"即汗国的土地。因为叶尔羌汗国的体制基本上是游牧型的，即"汗国被认为是整个汗族的财产"，"汗"即"汗国"。所以清朝的文献又把"旧汗公地"称为"旧存官地"① 或"官地"②。这些官地由佃农耕种，所以又称为"塔哩雅沁地亩"③。塔哩雅沁（tariyachi—tariyachin）为蒙古语，义为"农民"；更准确些说，应是"粮食生产者""种庄稼人""种地人"之义。这些耕种公地的佃农，为分成制，把收获量的 50% 交给汗——汗国，但是，名为按收获量分成，实际上是按籽种量的 10 倍作为"定额"收获量分成。④ 当时生产量并没有这样高，丰年可收籽种的 7—8 倍，而荒年只收 2—3 倍。这就意味着佃农要为"定额"产量贴补上 20%—30%，甚至更多，那么，其分成量多只能是实际收获量的 30%。总之，汗国土地上的佃农受剥削是非常之重，其生活之困苦可想而知！官地在叶尔羌汗国虽占比重不大，占耕地总数的 10%—15%。但在汗国的财政上占重要的地位，占粮赋的 20%—25%。

（二）私有土地，即清朝文献中的"原垦民田"

在清朝统一天山南北时私有土地的数量是相当大的，占耕地总数的 85%—90%。有关叶尔羌汗国的史籍没有留下这方面的资料，我们很难推测私有土地中自耕农的土地和地主的土地各占多少。但是，可以肯定地主阶级的存在，这可从清朝文献中得到间接的证明：光绪《钦定大清会典事例》卷一百六十三之乾隆二十九年（1764）条下提到"伊什汗伯克阿布都里也木入官地二十帕特玛四噶尔布尔三扎拉克"。这是一个官僚地主，其拥有土地达 109 石籽种地亩。

---

① 《钦定西域图志》卷 34《贡赋》。
② 乾隆《钦定户部则例》卷 18《田赋·回地田赋》。
③ 《清高宗实录》卷 602，乾隆二十四年十二月辛巳。
④ 《钦定西域图志》卷 34《贡赋》。

私有土地的所有者要向汗国交纳收获量的十分之一。日本学者佐口透认为，"十分之一的税，也就是伊斯兰法的哈拉吉制度"①。"哈拉吉"（kharaj），即土地税，是穆斯林汗国对私有土地征收的税赋。这里只征收获量的十分之一，较之官地是很轻的，但这只是对地主和自耕农而言，而耕种地主土地的佃农所受的剥削绝对不会轻于耕种官地的佃农。

（三）伊斯兰教寺院、墓地和学校所有的土地，又称瓦各夫土地

瓦各夫的土地主要是历代统治者所赐的公地、官地或地主的献地，以及部分自耕农要求宗教庇护而随身带进的土地。沙·马合木·楚剌思说，马黑麻汗一次就把费孜阿巴德和桑喀什两个村庄赐给了黑山派和卓沙迪。②瓦各夫财产，不仅包括耕地，而且包括水磨、作坊、铺店，甚至矿山的开采权。汗国瓦各夫的土地数量，史籍没有留下记载，估计不会太多。但是，瓦各夫土地比较集中，又一般都享受免税的特权，所以，成为宗教势力的强大经济基础。世俗政权为限制宗教势力的极度发展，设有木特斡里官职，监护瓦各夫财产。叶尔羌汗国多任命宠臣或功臣为木特斡里，说明这是一肥缺，可以从瓦各夫财产中捞取许多外快。瓦各夫土地租给佃农耕种，其分成应与官地相同，但未见到史籍这方面的记载。

关于农业、畜牧业和手工业状况。

关于农业生产情况，穆斯林史籍记载很少。清朝统一天山南北后编纂的乾隆《钦定西域图志》，收集了这方面比较系统的材料，在一定程度上反映了其前叶尔羌汗国的情况，现分述如下：

一是总况："山南诸回部，有城郭宫室，故居处有恒；有沟塍陇亩，故田作有时；男识耕耘，女知纺织。《汉书》言，'自且末以东（应为'往'，见《汉书·西域传》），皆种五谷'。由今观之，不异于古所云也。"③

二是农作物种类：小麦、稻米、黍、稷、高粱、豌豆、扁豆、小豆、绿豆、棉花、麻；西瓜、甜瓜；茄、葫芦、红萝卜、白萝卜、韭、洋葱、辣椒、胡椒、青菜、向日葵、苜蓿等。④

---

① ［日］佐口透：《18—19 世纪新疆社会史研究》上册，凌颂纯译，新疆人民出版社 1983 年版，第 225 页。

② 楚剌思：《编年史》译注 157，第 189 页。

③ 《钦定西域图志》卷 39《风俗·回部·田畜》。

④ 《钦定西域图志》卷 43《土产·回部·百谷草木之属》。

三是园林业：《钦定西域图志》具体记载了"回部"园林所产之果品，除无核的绿葡萄外，还有石榴、苹果、木瓜、梨、樱桃、杏、柿、核桃、李、桃、沙枣等；通常还栽一些树木和花草，如柳、大叶杨、小叶杨、松、柏、桐、玫瑰、吉祥草、鸡冠花、大蜀葵、千日红、凤仙花、狗尾花等。①

四是生产工具：犁，木辕铁铧，二牛抬杠，以绳牵引，用于翻松土地。犁耙，"播之后，用以覆土"。恰特满（kantman，今译"坎土镘"），"形似铁镢，其头甚圆，以枣木为直柄，用以垡土开沟，并引水以灌田"，这种工具今天犹盛行于新疆农村。镰刀，"形如曲刀，纯钢为之，头柄皆铁，用以刈稻麦之属"。木叉，"以木为擦，五齿或四齿、三齿，以匀谷麦，承曝令干"②。总的来说，农业生产工具简单，而且长期沿用未变，如二牛抬杠的犁和坎土镘，早在克孜勒千佛洞的壁画中已经出现。

五是生产技术：永贵编撰的《回疆志》卷二《耕种》说："播种时无耩耧，惟凭手撒。无锄，不知芟艺。"天山南路，地多人少，多"轮年歇种"③，以增加地力。但是，也有粪肥的使用，《钦定西域图志》卷四十二说："粪之名曰克赫，以牛马者为良，粪田可倍收。"总起来讲，在清朝统一天山南北前，当地的农业是粗放的，技术是比较落后的。

六是粮食产量：叶尔羌汗国的农业基本上是粗放经营：广种薄收、土地歇种。所以地亩的计算不是以面积，而是以籽种播种量，称作"籽种地亩"。但是，天山南路，田地多为水浇，很少旱涝，如以籽种计算，其收成还是不少的。1759年清朝将军兆惠向乾隆皇帝报告："喀什噶尔……各城村现种田禾，按照籽种计算，丰年可收七八倍，即荒年亦可二三倍。"④农业产量的低下，长期徘徊不前，这不仅制约了叶尔羌汗国的发展，而且是西域社会发展迟缓和长期战乱不已的根本原因。

畜牧业，在叶尔羌汗国占有重要的经济地位。沿天山南麓的各个河谷地区，都是良好的天然牧场，在历史上有发达的畜牧业；帕米尔高原和昆仑山区都是以畜牧业为生。叶尔羌汗国创建后，蒙古兀鲁思进入喀什噶尔

① 《钦定西域图志》卷43《土产·回部·百谷草木之属》。
② 《钦定西域图志》卷42《服物二，回部·耕种之具》。
③ 永贵：《回疆志》卷4。
④ 《清高宗实录》卷593，乾隆二十四年七月庚午。

地区，畜牧业有很大的发展。马黑麻·海答儿说，他们"人畜两旺"，这里"辽阔的牧场已不敷用"①。以后随着蒙古人向定居农业生活的过渡，畜牧业可能相对衰落，但是，吉利吉思人也进入叶尔羌汗国，他们一直从事着游牧业。此外，叶尔羌汗国的广大农业居民，作为穆斯林，也广养牛羊，献牲和食用。

至于手工业生产情况，有关叶尔羌汗国的史籍缺乏记载。但是，我们参比蒙古进入西域前喀喇汗王朝的情况和清统一天山南北后的情况，可以设想叶尔羌汗国手工业生产的大致情况，应有棉纺织业（主要用于制作衣帽）、毛纺织业（毯、毡、织品）、丝绸业（衣饰）、皮革业（靴鞋及其他用具）、锻造业（农具及日常用品）、木器业（工具及饮食用具）、兵器业（刀、枪、斧、剑、锁子、甲弓、箭等）、冶炼业（主要为铁、铜）、玻璃业及陶瓷业等。

玉石，是叶尔羌汗国的主要输出商品，所以史籍记载较多，葡萄牙人鄂本笃记载尤详，备述玉矿地点、品位高低、矿权所有、租赁方式、开采方法、工人队伍之组成："玉有两种。第一种最良，产和阗河中。距国都不远。泗水者入河捞之，与捞珠相同。磨琢后，有大如大燧石者。第二种品质不佳，自山中开出，大块则劈成片，宽约二爱耳（ells）。以后再磨小，俾易车载。产玉之山，名曰石山（stone Mountain）。土人称曰康桑吉喀修（Cansanghi Cascio），距叶尔羌约二十日程。此国地理书所载玉山，或即此也。石山远距城市，地处僻乡，玉璞坚硬。故采玉事业，不易为也。土人云，纵火焚烧，则石可疏松。采玉之权，国王亦售诸商人，售价甚高。租期之间，无商人允许，他人不得往采。工人往作工者，皆结队前往，携一年粮。盖于短期时间，不能来至都市也。"②

二　准噶尔政权统治下的塔里木盆地诸民族

卫拉特蒙古是我国蒙古族一支，历史悠久，在各个历史时期有不同称谓。元代称斡亦剌惕，明代称瓦剌，清代称卫拉特，亦称厄鲁特、额鲁特

---

① 《拉失德史》汉译本，第 2 编，第 301 页。

② 《鄂本笃之来中国》，载张星烺编注，朱杰勒校订《中西交通史料汇编》第 1 册，中华书局 1977 年版，第 432—433 页。

或漠西蒙古、西蒙古。国外则称为卡尔梅克。17 世纪前半叶（明末清初之际），卫拉特蒙古分为和硕特、准噶尔、杜尔伯特和土尔扈特四大部落。在 17 世纪和硕特进据青藏高原，土尔扈特大部分远徙伏尔加河流域，而准噶尔则雄踞天山南北。它们都是当时活跃的政治力量。

1670 年，准噶尔著名首领巴图尔珲台吉之子僧格，在争夺汗权的内讧中被同父异母兄车臣台吉、卓特巴巴图尔所杀。时正在西藏的僧格同母弟噶尔丹闻讯，即在西藏僧俗上层的全力支持下，日夜兼程，返回准噶尔，与车臣台吉、卓特巴巴图尔联军在阿尔泰山地区激战。车臣兵败被杀，卓特巴巴图尔携幼弟达哩及残部逃往青海。噶尔丹"遂为所部长"。[①]

噶尔丹是一个"有大志，好立奇功"[②]的政治活动家。他上台后即召集谋臣，商议巩固权力、扩大势力的方略。史载："是时诸夏有滇、黔变，秦蜀间烽起，嘎尔旦谋所向。达赖喇嘛使高僧语之曰'非时！非时！不可为'。嘎尔旦乃止。其谋臣曰：'立国有根本，攻取有先后，不可紊也。李克用之先世，发迹金山，根本不立，遂不能成大事。我太祖（指成吉思汗——引者）初兴，灭国四十，奄有四方，然后促夏执金，混为称尊。'嘎尔旦善其言，乃为近攻计。"我们从噶尔丹以后的军事实践中可以看到，"近攻计"的具体步骤是先统一天山北路之卫拉特蒙古诸部，再进据天山南路，主要包括塔里木盆地周缘诸绿洲，以确立准噶尔在塔里木盆地广大地域的有效统治。1673—1679 年，噶尔丹完成了"近攻计"第一个战略目标，统一了天山北部。同年，"以西域既定，诸国咸愿奉为汗。嘎尔旦乃请命达赖喇嘛，始行卜失克兔汗"。于是噶尔丹成为也先称汗后，两个多世纪来准噶尔家族称汗的第一个封建主。

1680 年噶尔丹率 12 万准噶尔骑兵挥师塔里木盆地，经阿克苏、乌什等地向喀什噶尔、叶尔羌地区进军。[③] 在远征军中，除卫拉特诸部众外，

---

① 祁韵士：《皇朝落部要略》卷 9《厄鲁特要略一》。

② 梁份：《秦边纪略》，青海人民出版社 1987 年版，第 419 页。

③ 关于噶尔丹进军塔里木盆地的时间，诸说不一。有 1678 年（瓦里汉诺夫说）、1679 年（比丘林说）、1680 年（帕拉斯说）、1682 年（毛拉木萨《安宁史》说）、1683 年（格里戈里耶夫说）等。苏联学者兹拉特金《准噶尔汗国史》持 1679 年说，日本学者羽田明考证，以帕拉斯之说最近于事实。中国学者的《准噶尔史略》（人民出版社 1985 年版）和《卫拉特蒙古简史》（上册）（新疆人民出版社 1992 年版）也皆取 1680 年说。只要详细排比历史事件，特别是将汉文史料与穆斯林史料对勘，将噶尔丹进军塔里木盆地定为 1680 年是更符合史实的。

还有已归属准噶尔政权的吐鲁番、哈密的部队。由于得到了白山派及其信徒的支持，进军颇为顺利。叶尔羌汗王的儿子巴巴克苏勒坦率军进行顽强抵抗，在战斗中阵亡。准噶尔铁骑攻占喀什噶尔后立即向叶尔羌（今新疆莎车县）进军。叶尔羌守军将领伊瓦兹伯伯克在守城时战死。准噶尔军一举攻占叶尔羌城，兵俘伊思玛业勒汗及其家族，解送伊犁囚禁，轻而易举地征服了布哈拉（即指天山以南广大地区），[①] 将天山南麓塔里木盆地广大地区置于准噶尔政权的统治之下。

噶尔丹占领叶尔羌后，并没有将政权交给有功于自己的阿帕克和卓，而是任命叶尔羌汗国的汗室成员、吐鲁番巴拜汗之子阿布都里什特为叶尔羌汗，作为自己附庸，然后率兵返回天山北麓。不久，阿布都里什特与阿帕克和卓发生矛盾，阿帕克和卓再次流亡外地。1682 年，叶尔羌发生暴乱，阿布都里什特从叶尔羌逃奔伊犁，其二弟马哈麻特·额敏被拥立为汗。马哈麻特·额敏执政后，曾两次以吐鲁番汗的名义向清政府进贡。约在 1692 年，流亡在外的阿帕克和卓发展各地信徒暴乱，杀害马哈麻特·额敏汗。在阿帕克和卓操纵下，其子雅雅和卓潜汗位。但白山派和卓的统治只维持了两年余，阿帕克和卓父子相继被杀。1694 年，阿布都里什特之三弟马哈麻特·木明被拥立为叶尔羌汗，但喀什噶尔的伯克们不承认其汗位，并联合布鲁特人进军叶尔羌，擒获马哈麻特·木明汗。接着，准噶尔军应叶尔羌伯克们之请，南下击走布鲁特人。此后，叶尔羌城由米尔咱·阿来木·沙伯克统治，察合台汗系的叶尔羌汗国至此终止。[②]

1680 年后，天山南麓的塔里木盆地广大地区完全处于准噶尔政权控制之下。虽然叶尔羌汗室成员尚仰准噶尔贵族之鼻息，苟延十余年，但其政权实为准噶尔政权之附庸。自此之后，准噶尔政权统治者虽经历了噶尔丹和策妄阿拉布坦父子的权力交替，白山派和黑山派和卓们在政治舞台上也时盛时衰，但天山南麓广大维吾尔等民族聚居的塔里木盆地周缘广大地区，一直处在准噶尔政权统治之下，长达 80 年之久。

---

① 古朗：《17—18 世纪的中亚——满洲帝国还是卡尔梅克帝国?》，巴黎—里昂版，第 51 页。

② 不少著作认为，噶尔丹征服天山南路后，叶尔羌汗国即终止，南京大学魏良弢教授《叶尔羌汗国史纲》（黑龙江教育出版社 1994 年版）据穆斯林史料有新说，此处从魏说，参阅该书第五章。

准噶尔政权在天山南麓并不常驻军队，对各城的统治主要是通过扶植代理人的方式进行。为了防止天山南麓形成不利于自己的对抗势力，凡是能对准噶尔政权构成威胁的实力派，甚至由准噶尔政权扶立的傀儡，都被拘禁于伊犁，作为人质，就近控制。噶尔丹攻克叶尔羌城后，将汗王伊思玛业勒及其全家解送伊犁长期囚禁。噶尔丹任命的叶尔羌傀儡汗王阿布都里什特在逃亡伊犁后亦被囚禁。黑山派丹尼尔和卓被拘于伊犁达七年之久。白山派大和卓玛罕木特及其二子布拉尼敦、霍集占也曾被长期囚禁在伊犁。事实上南疆的汗王与和卓不是本人，就是留下自己的一个儿子在伊犁作为人质。①

准噶尔贵族对人质只是严密监视，一般并不任意杀害，还允许提供"人质"的民族和地区数年替换一次。"人质制"是准噶尔贵族为了保证被征服民族的归服而采取的一项民族压迫政策，"执其酋，收其赋"是实施人质制的目的所在。

天山南麓居住的主要是维吾尔人。准噶尔统治时期，维吾尔人总人口有25万左右，他们居住在东起哈密，西至喀什噶尔的戈壁绿洲上，"其间大、小回城数十，回庄小堡千计"②。维吾尔人的社会经济以农业为主体，这种农业全靠水利灌溉。在长期的生产实践中，维吾尔人"熟于开渠引水之法，故种植多获"③。内地的各种农作物，在这里大多可以栽种，"百谷皆可种植，而以小麦为细粮，粳棉次之。大麦糜子用以烧酒及充牲畜栈豆而已。余如豆、粟、芝麻、蔬菜、瓜、茄之类，无不可以成熟"④。农业生产中已广泛使用铁制和钢铁合制的农具，如所用镰刀名"鄂尔噶克，形如曲刀，纯钢为之，头柄皆铁，用以刈稻麦之属"。"恰特满，形似铁锨，其头甚圆，以枣木为直柄，用以垦土开沟，并引沟水灌田。"⑤ 但总的来说，农业生产技术与内地相比，还有一定差距，如田地大多不予施肥和中耕，还处于粗放农业水平上。

维吾尔人的手工业生产以采矿冶炼和纺织最为著名。和阗一带出产玉

---

① 《安宁史》（维吾尔文）稿本，第43页。
② 《圣武记》卷4。
③ 《西域闻见录》卷2。
④ 《西域闻见录》卷7。
⑤ 《钦定西域图志》卷42《服物二》。

石。此外，铁矿、铜矿、金矿均可开采和冶炼打制，斧、锉、钻、锯、镰、铲、锄等工具，刀、箭、甲等武器都可制作。纺织产品以丝棉、毛织品最为精良，和阗一带，"原蚕山茧极盛，所织绸绢茧布极缜密，光实可贵"①。酿酒业也是传统的手工业，除了能用麦、糜酿造烧酒外，还可用当地盛产的桃、桑葚、葡萄酿造果酒。此外，笔、墨、纸等文化用品亦可自行生产，所造之纸称为喀阿斯，"以桑枝嫩条捣烧为之，色微带碧，其光洁者略似高丽纸"②。

维吾尔人善于经商，各城均有贸易集市，称为"巴栅尔"。定期交易，"每七日一集，五方六货，服食所需，均于八（巴）栅尔交易"③。各城中，叶尔羌是最大的贸易中心。除当地的商场外，维吾尔人商队还与中亚、内地保持着密切的贸易联系。商队经常贩运货物赴浩罕、安集延出售，阿富汗、克什米尔、印度等地的商人也经常到叶尔羌、喀什噶尔、阿克苏等城"贩卖珠石，皮张等物"。赴内地的商队往往是以贡使的名义前往。顺治三年（1646），察合台后王以吐鲁番国名义赴京进贡贸易，清政府查明明朝旧例，规定除鞍辔、弓箭、刀、熟铁不准置买外，茶、瓷器、绢布、绸缎、药材、糖果、农具等物准其在京师和兰州交易。其后，准噶尔部控制天山南麓，但维吾尔人的进贡贸易仍持续不断。当时，河西肃州是维吾尔人进入内地的第一站，这里有不少维吾尔人长期聚居贸易。出于交易的需要，维吾尔人有自己的金属货币，名为"普尔"。这种普尔钱用红铜铸造，"制小而厚，形圆椭而首微锐，中无方孔"。每文重一钱、四分、五分至二钱不等，每五十文为一"腾格"。准噶尔部控制天山南麓后，当地的普尔钱正面铸有托忒文字的准噶尔珲台吉之名，背面侧铸以维吾尔文，并随准噶尔首领的易换而改铸新钱，"凡台吉新立，则于钱面易名改铸。其法：先铸新钱一万，换易旧钱。新者以一当二，旋换旋铸，旧钱销尽乃已"④。

准噶尔贵族对维吾尔人的剥削主要是向他们征收沉重的贡赋，强迫他们服各种无偿劳役。"征发期会，惟其所使"⑤，把各族百姓视为他们的阿

---

① 《西域闻见录》卷 2。
② 《西域闻见录》卷 42《服物一》。
③ 《西域闻见录》卷 7。
④ 《西域闻见录》卷 35《钱法》。
⑤ 《西域闻见录》卷 39《风俗》。

勒巴图（原意是属民，这里有奴仆的意思）。贡赋的征收，主要依据派驻在南疆各城之哈喇罕及当地和卓所造之户口赋役表册，按户索取，① 主要由德墨齐负责。

赋税种类繁多。人有人头税，地有地税，园户有果税，商贾牧养人有商牧养税，此外还有金银税、牲口税、贸易税、草木税、水利税等。各项赋税，皆有定额，其数极重，维吾尔人民往往无法完纳。②

据记载，噶尔丹策零时，喀什噶尔地区，人户万余口，每年需交纳额征银六万七千腾格（每腾格合银一两）。其中种地之鄂尔托什人需纳粮四万零八百九十八帕特玛③（一帕特玛合清官石为四石五斗，后改为三石五斗）；棉花一千四百六十三察喇克，共折钱二万六千余腾格；又克色克绰克巴什人（各项谋生人）等纳钱二万六千腾格；商贾牧养人等，纳钱二万腾格，皆以本税折纳；贸易回人，征税十分之一，外来贸易之人，征税二十分之一。此外还有商人金铜税、园户果税。

叶尔羌地区二十七城村，三万户，十万余口，每年需纳额征银十万腾格。其中白米百六十一帕特玛、米五千八百三十九帕特玛、棉花一千七百十五察喇克，红花四百二十八察喇克，共折钱二万七千二百八十腾格有奇；各项匠役纳钱五万零七百八十腾格有奇；城村酒肆、园林、碾磨、金银税共计一万七千九百腾格有奇。此外还有金税、贸易、缎布、牲只等名目。④

据 1732—1733 年随乌格柳莫夫前往噶尔丹策零牙帐的沙俄测量师雅可夫·费里佐夫说，当时六城地区的贡赋，有阿克苏的铜和粗布，库车的铜，叶尔羌、喀什噶尔、和阗的金、棉花，克里雅（于阗）的沙金。金的总额为七百两。⑤ 显然，这就是前述的金铜、缎布等税。

---

① 《平定准噶尔方略》续编，卷 32，第 12—13 页。据《和卓传》所说，准噶尔在各回城派驻哈喇罕 15 名，进行征收赋税和监视维吾尔人的活动。

② 《清高宗实录》卷 592，乾隆二十四年七月庚午条兆惠奏。《平定准噶尔方略》前编，卷 75 乾隆二十四年七月庚午条则说是噶尔丹时的税收，恐误。此处依《实录》。

③ 《维吾尔族史料简编》下册说：一"帕特玛"，等于清官石四斗五升，误。据兆惠奏："查回人一帕特玛，准官石四石五斗；一噶尔布尔，准五斗；一察拉克，准官秤十斛；一腾格准制钱五十文，值银一两。"

④ 《平定准噶尔方略》正编，卷 77，乾隆二十四年八月辛丑兆惠奏。

⑤ 参阅［日］佐口透《俄罗斯与亚细亚草原》，第 138 页。

另据七十一（椿园）的记述，准噶尔贵族每当秋成之时，即派人向诸回城征收赋税。"每回男一人，谓之一户，每户于八栅尔一次交布一匹，或羊皮数张，或猞猁狲皮一张，通年计算，逐次索取，所种米谷菽麦，视同收割，先与平分，而后用十分取一之法，重征粮税。"① 《钦定西域图志》则载："回部当麦谷收获时，苦其钞掠，岁纳十之三、四以常。"② 若按七十一（椿园）记载，农民每年当将自己收成的一半以上交给准噶尔贵族，这一记述是否有夸大之处，尚待进一步考订。但即以《西域闻见录》所记，维吾尔农民当交纳收成的三成到四成，这样的贡赋，显然是很苛重的。

除正税以外，还有额外抽收、临时酌派等名目。其贩运各货以及金、银、布帛往往多于越例抽收。③ 1767 年（乾隆三十二年）伊犁将军明瑞追述此事时说："惟厄鲁特有格纳坦名色以备差务，每年各域派五千腾格不等，俱系临时酌派，并无定额。"④

繁重的租税以及各种苛捐杂税已经压得维吾尔人民喘不过气来，可是，准噶尔贵族派往各地征税之官吏还常常肆行勒索，横征暴敛，鱼肉人民。他们每到一地，维吾尔族人民必须"日奉以酒肉妇女，去仍多索赆遗，少不如意，辄纵其从人，恣行抢掠"⑤。有时甚至或三五成群，或数十为伍，到处抢夺牧畜，奸淫妇女，掠夺财物。据《和卓传》记载：有一次，策妄阿拉布坦的女儿要和土尔扈特部首领的儿子结婚，他邀请丹尼尔和卓为首的维吾尔族达官贵人参加婚礼，丹尼尔和卓等人屈服于准噶尔部贵族淫威，无可奈何来到伊犁。策妄阿拉布坦责令他们交纳印度宝石、珍珠、金刚钻和金项链等珍贵物品作为礼品，否则，生命难保。⑥

准噶尔贵族还强迫维吾尔人迁居伊犁，为他们服役，充当农奴，大多数从事农业，少数人从事商业及其他劳役，这些人被称为塔里雅沁、伯德格尔、乌沙克。

---

① 七十一（椿园）：《西域记》卷 7 《杂录》，《八栅尔》，维吾尔族之集市贸易，七日开市一次。

② 《钦定西域图志》卷 39 《风俗》。

③ 苏尔德：《新疆回部志》卷 4 《赋役》。

④ 《平定准噶尔方略》续编卷 32，乾隆三十二年十月甲寅条。

⑤ 七十一（椿园）：《西域记》卷 7 《杂录》。

⑥ 《〈和卓传〉摘要》，第 42 页。

　　"塔里雅沁"一作"塔喇沁"，系突厥语"塔兰奇"一词之音变，意为"种地人"。① 他们大都为准噶尔贵族种地或管理园圃。早在巴图尔珲台吉时就已有"塔里雅沁"。1643 年（崇德八年），曾到和博克萨里巴图尔珲台吉牙帐活动的俄国人格利戈里·伊林就说，巴图尔珲台吉曾把维吾尔族农民迁到其牙帐周围，迫使其种田。② 这一方针为其后继者所承袭。

　　策妄阿拉布坦囚禁和卓玛罕木特于伊犁之阿巴噶斯哈丹部时，就将其部一同迁往，令其耕种。③ 叶尔羌、阿克苏、喀什噶尔、乌什等地的维吾尔族人最多。除伊犁地区外，额尔齐斯河流域、额敏河流域、乌鲁木齐等地都聚居着不少维吾尔族农奴。1761 年（乾隆二十六年）清廷大臣阿桂前往伊犁办理屯田时，叶尔羌、喀什噶尔、阿克苏、乌什等地在伊犁种地之回民还有"二、三千人"。④ 塔里雅沁的社会地位极为低下，他们没有任意迁徙的自由，"准噶尔旧例，伊犁逃出回人，严拏治罪"⑤。贵族交纳沉重赋税，服各种劳役而且还要供养被禁锢在伊犁的维吾尔族封建主，如乾隆所说："准噶尔昔全盛日，役使若辈如奴佃。令弃故居来伊犁，课其引水种稻秈。服劳供赋不敢怠，讵知陷恨已有年！"⑥

　　伯德尔格，意为商人或贸易人，⑦ 他们大都是喀什噶尔、叶尔羌、安集延等地之人。当清军进驻伊犁时，尚有伯德尔格鄂拓克这样的集团存在。伯克阿底斯是伯德尔格的管理者，宰桑玛木特也管理过伯德尔格，他们"素皆贩运为生，绝无产业"⑧，为准噶尔贵族从事贸易，是准噶尔封建主与周围各族人民进行贸易联系的重要纽带之一。伯德尔格的社会地位如同塔里雅沁一样，同属农奴阶层，被"视如佃仆"⑨。

---

　　① 苏尔德：《新疆回部志》卷 1《城池》。
　　② 巴德利：《俄国·蒙古·中国》第 2 卷，第 123—124 页。
　　③ 《钦定西域图志》卷 38《封爵》。
　　④ 《平定准噶尔方略》续编，卷 11，乾隆二十六年四月戊寅条。
　　⑤ 《平定准噶尔方略》续编，卷 11，乾隆二十六年四月戊寅条。
　　⑥ 《钦定西域图志》卷 12《疆域志》。
　　⑦ 苏尔德：《新疆回部志》卷 1《城池》。伯德尔格一词语源尚待查考，据佐口透说，它是蒙古语"bezirge"，突厥语"bezirgan"的音译，参阅《塔兰其人社会——伊犁河谷地的维吾尔部落史 1766—1860》，《史学杂志》第 11 期，1964 年。
　　⑧ 姚元之：《竹叶亭杂记》卷 4。
　　⑨ 《平定准噶尔方略》正编，卷 55，乾隆二十三年五月己丑。

乌沙克，意为"勇战人（也）"①。他们是被迁到伊犁的和卓家族的亲兵，平时为和卓家族服役，战时则是他们的卫士。富德在 1759 年 8 月的奏折中曾称："如乌沙克、伯德尔格等众，俱久住伊犁，为霍集占所亲信。"②从上述记载中可看出，乌沙克是被囚禁在伊犁的和卓家族中，为他们服务，并为他们所取信的仆从。因此，其与准噶尔封建主的关系仍然是一种依附关系。

准噶尔贵族对南疆地区广大维吾尔人的统治政策，完全是为维护其残酷统治服务的，它的本质是实施民族压迫和阶级压迫。准噶尔统治者从各族人民身上搜刮来的财富，大部分为伊犁少数特权人物（包括上层喇嘛）所占有。"达官贵人，夏日食酪、酸乳、麦饭，冬日食牛羊肉、谷饭"③，贵族们穿的是绫罗锦缎，饰以文绣，而贫苦牧民则御冬无棉，仅能衣羊皮。噶尔丹策零时，在伊犁河两岸建立的固尔扎庙和海努克庙，供养喇嘛6000 多人，庙之宏壮，超过漠北蒙古地区的寺庙。每逢"岁首，盛夏，其膜拜顶礼者远近咸集，往往捐珍宝，施金银以事庄严"④。呻吟在准噶尔贵族统治下的广大维吾尔人，随着沉重的民族压迫和阶级压迫，如史籍所载，他们"不堪其扰，如居水火，故多奔走逃避，未获宁处"，维吾尔人不甘于为奴，他们对准格尔贵族的统治，进行了长期的反抗和斗争。

三　清朝政府对塔里木盆地诸民族的统治

18 世纪中叶，清朝政府完成了对天山南北的统一事业，其间经历了前后相关联的两个阶段。一是彻底摧垮了一度雄踞天山南北的准噶尔政权，二是平定了大、小和卓叛清活动。

1745 年（清乾隆十年），准噶尔政权首领噶尔丹策零病逝。汗国统治集团为争夺最高统治权力喋血汗廷，展开激烈争斗。内讧不迭，严重削弱了自身实力，致使强大的准噶尔政权迅速衰落。正当准噶尔的贵族们在血雨腥风中忙于权力争夺之时，乾隆帝一直密切注视着准噶尔事态的

---

① 苏尔德：《新疆回部志》卷 4 《城池》。
② 《清高宗实录》卷 595，乾隆二十四年八月丁未条。
③ 《钦定西域图志》卷 39 《风俗》。
④ 松筠：《西陲总统事略》卷 12 《厄鲁特旧俗纪闻》。

发展。1755 年（乾隆二十年）春，清政府集中两路大军，远征伊犁。清军于四月会师博罗塔拉，五月下旬与达瓦齐激战于格登山麓（今新疆昭苏县境内）。

正当清军举杯庆功之时，准噶尔汗系实力人物阿睦尔撒纳，因不满清政府"众建以分其势"的政策，于同年八月九日公开反清，致使刚获一统的天山北麓重又陷于战乱。1756 年（乾隆二十一年）二月，清军远征军再次出发，兵锋直指伊犁，历时一年半，以一统天山北麓，阿睦尔撒纳葬身异国，准噶尔政权彻底瓦解而告终。

但是，统一的道路并不平坦。在天山南北立足未稳的清军又面临大小和卓的挑战。

大小和卓即天山南麓的伊斯兰教白山派首领布拉尼敦、霍集占兄弟。他们"自祖父三世，俱被准噶尔囚禁"①。布拉尼敦、霍集占随父玛罕木特在伊犁河谷督率维吾尔人为准噶尔贵族垦田纳赋。达瓦齐势力瓦解后，清军进驻伊犁地区，将被准噶尔贵族长期囚禁在伊犁的布拉尼敦、霍集占释放，委以重任。大和卓布拉尼敦带着给他配备的一支军队，利用白山派在天山南麓的影响，到叶尔羌招抚各城维吾尔人，而小和卓霍集占留在伊犁管辖当地维吾尔人。阿睦尔撒纳反清时，霍集占率众相助，清军进剿，阿睦尔撒纳败亡，霍集占逃回叶尔羌，自称巴图尔汗，胁迫大和卓布拉尼敦及各城伯克一起反清。

大小和卓的政权是一个建立在黑山派教徒血泊之中的政教合一的专制政权。在其统治时期，除继续迫害黑山派外，还加强了对维吾尔等民族的剥削。"凡所需粟、布、牲畜，以及力役，不论人丁地亩，任意摊派。司事之大小伯克，酋目、阿浑等、上行下效。"② 而"额外科敛衣服牲只，不时扰累，供应稍迟，即行抄没，以致回人日困"③。

清政府于 1758 年（乾隆二十三年）二月命雅尔哈善为靖逆将军，率军万余，进军天山南麓。雅尔哈善围攻库车时，因军事上失误，致使霍集占乘夜逃遁。清政府遂令定边将军兆惠穿过布鲁特境进入天山南麓代替雅

---

① 《平定准噶尔方略》正编，卷 33。
② 《回疆志》卷 4《赋役》。
③ 《平定准噶尔方略》正编，卷 77。

尔哈善职务，继续进剿大小和卓，库车、阿克苏、乌什先后归降。清军在叶尔羌城受挫被围困，次年一月始解围。清军回师阿克苏，叶尔羌、喀什噶尔二城伯克献城归降。大小和卓见大势已去，率残部逃往帕米尔，清军紧追不舍。七月初，清军追至伊西洱库尔淖尔，再次击溃大小和卓军，"凡降回众万有二千，牲畜万计。两和卓携其妻拏旧仆三四百人走巴达克山"①。巴达克小首领素勒坦沙将大小和卓擒获处死，呈献霍集占首级于清军。1759 年秋，塔里木盆地周缘完全平定，为纪念此次战役，清政府令在伊西洱库尔淖尔刻石勒铭，此碑即著名的《平定回部勒铭伊西洱库尔淖尔碑》，也即清政府在帕米尔的界碑，当地居民则据此碑称该地为"苏满搭什"，意即"写着字的石头"。清朝政府统一天山南北，不是单纯的军事行动，更不是清朝的军事扩张，而是天山南北，包括生活在塔里木盆地周缘广大维吾尔族共同斗争的结果。

自从准噶尔贵族占领南疆地区以来，维吾尔族人民以各种方式进行反抗，他们或是在准噶尔贵族征收贡赋时，"埋藏米谷财物于地下"②，以此来逃避准噶尔贵族的横征暴敛，或是"坚堡曲隧"，筑堡以为御，倘见准噶尔税吏来收税，"则人避于上，牲畜匿于下，紧闭其窦而守之。亦有矫健回子（指维吾尔族人），转将额鲁特杀死"③。不过这些斗争只是零星的，毕竟无法有效地抵制准噶尔部贵族的蹂躏。

当时，维吾尔族人民更多的是通过逃亡、内徙的办法，进行消极抵抗。因为逃亡内地的人户，一般均能得到清政府的妥善安置，因此，随着时间的推移，逃亡人数与日俱增。据不完全统计，自 1737 年（乾隆二年）到 1754 年（乾隆十九年），几乎每年、每月都有准噶尔、维吾尔等族人民逃离准噶尔部统治，投奔清朝，少则数人，多达数十人不等。他们向清政府诉说在准噶尔贵族统治下的深重苦难，同时也带来了大量有关准噶尔部统治集团动乱的情报。如噶尔丹策零死亡的消息，清政府最早即是从自吐鲁番逃出的维吾尔人海底里处获悉的。④

---

① 魏源：《圣武记》卷 4。
② 七十一（椿园）：《西域记》卷 7《杂录》。
③ 七十一（椿园）：《西域记》卷 7《杂录》。
④ 《朱批奏折民族事务类》，中国第一历史档案馆藏，蒙古 108，4 全宗，108 卷，9 号，《太子少保川陕总督领侍卫内大臣承恩公庆复奏》（乾隆十年二月二十三日）。

但是，不论藏匿财物、拥众自卫，还是弃田远徙、投奔清廷，都不能从根本上摆脱准噶尔贵族统治的桎梏。维吾尔人民，在国内各族人民反对准噶尔贵族斗争的形势推动下，还不断掀起武装起义，以反抗准噶尔贵族的统治。

1692 年，叶尔羌地区爆发了由黑山派首领舒艾尤甫和卓领导的起义。起义群众浩浩荡荡向叶尔羌挺进，喀什噶尔地区各族人民也奋起响应，起义矛头直指准噶尔贵族在南疆地区的忠实代理人——阿帕克和卓。阿帕克和卓慑于起义声威，逃亡哈密，起义队伍获得很大发展。此时，原叶尔羌汗王伊斯迈耳之弟穆罕默德·阿明也参加了起义。1693—1694 年，穆罕默德·阿明率领起义队伍向准噶尔贵族的统治中心伊犁进军，在战斗中获胜，"掳去三万卡尔梅克人"[1]。但是，不久起义队伍中的黑山派与白山派之间又发生纷争，加之准噶尔军队进攻，穆罕默德·阿明在一次兵变中死于非命。阿帕克和卓在准噶尔军队支持下重返叶尔羌，并用阴谋手段诱杀了起义的另一领导人舒艾尤甫，起义遭到失败。

1695 年，叶尔羌、叶城地区再次爆发了以黑山派教徒为普通百姓的起义，起义队伍进攻叶尔羌。不久，噶尔丹派驻喀什噶尔的军队，在其将领察干塔什领导下发动兵变，并与起义队伍汇合，杀死了阿帕克和卓派驻喀什噶尔的长子雅赫雅和卓。

此时，噶尔丹已在昭莫多被清军打得大败，广大维吾尔族人民受到鼓舞。哈密地区的维吾尔族人民在额贝都拉（达尔罕伯克）率领下，首先挣脱了准噶尔贵族的统治，积极参加反对噶尔丹暴政的斗争。1696 年（康熙三十五年）9 月，额贝都拉即"遣人进贡来降""诚心归投"，[2] 并表示"若噶尔丹来，臣等相机，竭力以擒之"[3]，积极参加对噶尔丹势力的军事斗争。1697 年（康熙三十六年）正月，噶尔丹之子色布腾巴勒珠尔窜到哈密地区的巴喇恩库儿活动，额贝都拉即遣其长子郭帕伯克"以兵三百擒之"[4]，

---

① 《〈和卓传〉摘要》，第 41 页。按，《〈和卓传〉摘要》中还记述这次进军伊犁的年代，该书编者恩·伊莱阿斯在《〈和卓传〉导言评价》一文中考证，约在回历 1105 年，即公元 1693—1694 年，今取此说。

② 《朔漠方略》卷 29，康熙三十五年九月丙辰。

③ 《朔漠方略》卷 34，康熙三十五年十二月乙未。

④ 和宁：《回疆通志》卷 2《额贝都拉传》。

同时擒获的还有"其乳父挥特和硕齐等人"①。清政府封额贝都拉为"一等札萨克，仍达尔汗号，赐敕印银币，并给红纛"②。1698 年，清政府在哈密编设旗队，设管旗章京、参领、佐领、骁骑校等各员。自此之后，哈密人民多次抵御准噶尔贵族的军事进攻，哈密成了清政府统一西北地区的前哨基地。

1720 年（康熙五十九年），邻近哈密的吐鲁番、辟展人民，趁清军征讨策妄阿拉布坦之机，在当地维吾尔封建主额敏和卓带领下相继脱离准噶尔贵族的统治，"遣使告内附"③。1731 年，准噶尔军队大举进攻吐鲁番地区的鲁克沁等地，额敏和卓率军奋战，准噶尔军队围攻"越四旬余不下，复以木梯三百攻喀喇和卓"④，吐鲁番人民多次击退了准噶尔军队的进攻，保护了吐鲁番人民生命财产。1732 年（雍正十年），清政府令额敏和卓率鲁克沁的维吾尔族人众迁居瓜州，并"编旗队，置管旗章京、副管旗章京、参领、佐领、骁骑校各员，如哈密例"，并封额敏和卓为札萨克辅国公。⑤

接连不断的反抗斗争，强烈地冲击着准噶尔贵族的统治，南疆地区的民族矛盾日趋尖锐。1745 年，噶尔丹策零死，准噶尔贵族内讧加剧，统治者不能继续统治，广大人民也无法忍受其统治。在这样的形势下，南疆地区各城封建主纷纷摆脱准噶尔贵族统治。1754 年（乾隆十九年），喀什噶尔统治者玉素甫从伊犁返回喀什噶尔后，立即"把喀什噶尔人民武装起来，并强制三百名卡尔梅克商人皈依伊斯兰教"⑥，号召维吾尔族人民起义。玉素甫的哥哥叶尔羌的统治者扎干和卓响应起义。因阿克苏的阿尤甫和卓与乌什的希伯克和卓告密，扎干和卓被准噶尔军队诱捕，他的儿子萨迪克从和阗调集七千人攻下叶尔羌、喀什噶尔。叶尔羌到和阗一线，燃起了反抗的烈火。⑦

① 《朔漠方略》卷 35，康熙三十六年一月戊辰。
② 祁韵士：《皇朝落部要略》卷 15《回部要略》。
③ 和宁：《回疆通志》卷 2《额敏和卓传》。
④ 和宁：《回疆通志》卷 3《吐鲁番回部总传》。
⑤ 祁韵士：《皇朝藩部要略》卷 15《回部要略》。
⑥ 古朗：《十七—十八世纪的中亚——满洲帝国还是克尔梅克帝国？》，第 115 页。
⑦ 霍渥斯：《蒙古史》第 1 卷，第 651—653 页。

清政府顺应形势发展的要求，于 1755 年（乾隆二十年）二月分兵两路远征伊犁。清军的出兵，极大地鼓舞了广大维吾尔族人民的斗志，斗争迅速发展。他们除了在各地坚持武装斗争外，还积极支持和参加清军的军事行动，如已迁居瓜州的额敏和卓"以兵三百"随大军从征。[①] 当清军到达伊犁附近时，在伊犁从事贸易的维吾尔人阿卜达莫米木十三宰桑即主动要求"派兵三百名，协力同剿达瓦齐"[②]。另一个被达瓦齐拘禁在伊犁的喀什噶尔宰桑赛音伊苏卜伯克也到军营呈请"派兵二十名效力"，待事定之后，愿随清军"同往原游牧处，将旧属二万余户携来投降"[③]。清军所至之处，准噶尔与维吾尔族人民纷纷"牵羊携酒，迎叩马前"[④]。达瓦齐兵败，走库鲁克岭（伊犁之南，阿克苏之北）。定北将军班第檄乌什伯克霍集斯设哨诸岭隘。霍集斯接到檄令后，遂伏兵于林间，派其弟携酒牵马佯为迎接，达瓦齐一至，伏兵骤起，生擒达瓦齐及其子罗卜扎，七十余人无一漏网。霍集斯亲率兵二百人押解达瓦齐等于清营。阿睦尔撒纳发动叛乱后，额敏和卓及其子苏赉满，哈密贝子玉素甫均踊跃随军参战，为平叛斗争立下汗马功劳。随着达瓦齐、阿睦尔撒纳覆亡，准噶尔贵族在南疆的统治终于崩溃了。

1762 年（乾隆二十七年），清政府正式宣布在新疆设立总统伊犁等处将军（简称伊犁将军）。伊犁将军为清政府在新疆的最高军事、行政长官，驻节伊犁惠远城，代表清廷中央总揽全疆各项军政事务。伊犁将军之下，设参赞大臣、领队大臣、办事大臣、都统等职，分驻天山南北各地，管理本地军政事务。新疆各级军政大臣的建置大体上循以下原则：一是官员配置北重南轻，军政重心在北疆；二是将全疆划分为三大地理单元，北路伊塔地区归将军直辖，南路八城和东路乌鲁木齐地区（北疆库尔喀喇乌苏以东，南疆吐鲁番、哈密以北）分别由喀什噶尔参赞大臣和乌鲁木齐都统分

---

① 和宁：《回疆通志》卷 4《额敏和卓传》。按，对额敏和卓的作用，当时大学士傅恒有如下评述："查瓜州缠头，素非强劲，用以冲锋克敌，或非所长，但遇准夷、回众，随时晓谕招降，似为可用，且额敏和卓勇往奋奋，俾带领随营，更觉有益，盖亦应如所议，准其派往矣。"见《朱批奏折民族事务类》，中国第一历史档案馆藏，蒙 108，4 全宗，108 卷，二号，大学士傅恒奏。

② 《平定准噶尔方略》正编，卷 12，乾隆二十年五月壬辰。

③ 《平定准噶尔方略》正编，卷 12，乾隆二十年五月壬辰。

④ 《清高宗实录》卷 489，乾隆二十年五月壬辰。

别综理，归伊犁将军节制；三是视地方之冲要，分别派驻不同军政官员，战略要区委以都统、参赞大臣，其余各城，大者派驻办事大臣，以协办大臣辅佐，小者派驻领队大臣。

从地域看，塔里木盆地周缘喀什噶尔、英吉沙尔、叶尔羌、和阗、乌什、阿克苏、库车、喀喇沙尔诸城归喀什噶尔参赞大臣管辖，吐鲁番则归乌鲁木齐都统管辖。其设置与布防如次：

喀什噶尔地邻浩罕、巴达克山，在南路诸城中位置最为重要。清政府在喀什噶尔设参赞大臣一员，总办喀什噶尔、英吉沙尔、叶尔羌、和阗、阿克苏、乌什、库车、喀喇沙尔八城事务。其下设协办大臣一员，专理喀什噶尔、英吉沙尔事务。喀什噶尔驻防军为满蒙八旗及索伦锡伯营兵 643名，绿营兵 641 名。[①]

英吉沙尔设领队大臣一员，隶喀什噶尔参赞大臣辖。驻防军为满营兵81 名，绿营兵 205 名。

叶尔羌设办事大臣、协办大臣各一员。驻防军为满营兵 210 名，绿营兵 722 名。

和阗设办事大臣、协办大臣各一员。驻防军为绿营兵 228 名。

阿克苏设办事大臣一员。驻防军为满营兵 68 名，绿营兵 714 名。

乌什设办事大臣一员。驻防军为满营兵 151 名，绿营兵 796 名。

库车设办事大臣一员。驻防军为绿营兵 320 名。

喀喇沙尔设办事大臣一员。驻防军为绿营兵 62 名。

吐鲁番设领队大臣一员，管理满营、差营、屯田、回务，受乌鲁木齐都统节制。驻防军为满蒙八旗兵 578 名，绿营兵 1100 余名。

四　伯克制度下的维吾尔人社会

新疆统一前，维吾尔族居住地区普遍实行伯克官制。伯克，维吾尔语"官长"之意。根据《钦定西域图志》《回疆志》《西域闻见录》《回疆通志》等清代史籍记载，共有 37 种伯克，分掌行政、赋役、税务、司法、宗教等事宜。新疆统一后，清政府在新疆实行的行政管理制度，本着因地

[①]　据《新疆史略》卷 3 统计。

制宜、因俗设治的原则，在维吾尔人居住地区，除哈密、吐鲁番实行札萨克制外，塔里木盆地周缘的喀什噶尔、叶尔羌、和阗、乌什、阿克苏、库车、拜城、沙雅尔、赛里木、布古尔、库尔勒，以及吐鲁番之辟展、伊犁之宁远城皆因俗设治，沿用伯克官制。以上各城共配备大小伯克292员。①

清代的伯克制度不是简单的因袭旧制，而是对伯克旧制进行了重大改革，或者说是革新。伯克制度作为一种封建官僚制度，在17世纪初已初具规模，它的形成与发展和伊斯兰教在新疆的传播及蒙古贵族的统治有着密切关系。因此，伯克制度既具有浓厚的宗教色彩，又带有中世纪牧区统治体系的某些特征。为了使旧有的伯克制度逐渐纳入清朝政府地方官制的轨道，清政府改革伯克制度主要内容有：

一是废除伯克世袭制度，这一改革经过了较长时间实践，直到1814年（嘉庆十九年），清政府将不准伯克世袭的规定写入《回疆则例》，才从法律上明确了伯克不得世袭的原则。但即使如此，伯克职务虽不能承袭，然而所授爵位却可以"世袭罔替"。因此，有爵位的王公们总是有伯克可当，只不过调动一下地方而已。

二是伯克的任免，按其官职大小，或由参赞大臣，或由办事大臣拟订奏报，请旨决定。任命伯克，要求从"回人中有从戎效力，及输诚内附者，量材以授"②。特别是总理大城的阿奇木伯克，更是必须从忠实于朝廷的维吾尔上层中选任。

三是实行政教分离，规定出任伯克者，不得兼任宗教职务，"其阿浑子弟，有当差及充当伯克者，亦不准再兼阿浑"③，以防止伯克利用政教合一而专权。清高宗还指出："阿浑乃回人诵经识字者，与准噶尔喇嘛相似。从前厄鲁特等不知事体，听信喇嘛，致生变乱，定可使回人仍因旧习。著传谕舒赫德等，晓示各城回人，嗣后诸事，唯听阿奇木伯克办理，阿浑不得干预。"④ 宗教与行政双向互不干涉，遂成定例。

四是规定伯克不得在原籍任职，"大伯克回避本城，小伯克回避本庄"⑤，

① 《钦定西域图志》卷30《官制二》。
② 《钦定西域图志》卷30《官制二》。
③ 《钦定大清会典事例》卷993。
④ 《清高宗实录》卷615。
⑤ 《那文毅公奏议》卷78。

除地区回避外，还以伯克，尤其是高级伯克实行"亲族回避"。回避制度作为清朝政府对伯克制度进行改革的一项重要内容，一直受到重视，这对于防止伯克们结党营私，起到了一定作用。

总之，经过改革后的伯克制度，"仍各其名，各司其事，添裁升降，定品级，奏请赏给顶翎，各按地方大小、繁简，酌给养廉，禁其横征，颁其钤印，专其职守，今已严如中国官员秩然矣"①。

18 世纪中叶以后，在天山南北封建割据的汗不再存在。伯克们统归清朝政府任免，作为清政府对维吾尔人聚居地方的统治工具，许多伯克都是独霸一方的大小封建领主。伯克制度存在于维吾尔人聚居的塔里木盆地各绿洲上，每座绿洲城镇便有一个完整的分工精细的伯克体系。

伯克中职务最高者称阿奇木伯克（三品），其职总管城镇所辖各城村的大小事务；阿奇木伯克的副职为伊沙噶伯克（四品），其职为协助阿奇木伯克办理庶务。属四品的还有商伯克（职司征输粮赋）和噶匝纳齐伯克（职司管理地亩、粮赋）。其他还有执掌农业、手工业、商业、司法、军事、交通、宗教、教育等项事务的各类伯克，品级在五品至七品。这些大大小小的伯克成为清政府统治下维吾尔人聚居地方的统治阶级。

18 世纪中叶以后至 19 世纪前半叶，维吾尔人聚居地方的经济又向前发展了一步，特别是塔里木盆地周缘各绿洲和吐鲁番盆地的经济已进入了较高的水平。具体表现在以下三个方面。

一是农业经济的发展。塔里木盆地诸绿洲大都具有发展农业的良好条件。清朝统一新疆后，政局稳定，这些地方的农业已出产很多农产品，以小麦、棉花、高粱、稻米、玉米、青稞、芝麻、大麻、豆类为主。另外，瓜果、葡萄、蚕丝亦盛。此时耕种土地全用灌溉。和阗地区主要依靠玉龙喀什河和哈拉哈什阿的河水，叶尔羌一带主要依靠提孜那甫河和叶尔羌河的河水，乌什、阿克苏等地依靠阿克苏河的河水，喀什噶尔周围主要依靠克孜勒河和盖孜河河水，哈喇沙尔主要依靠开都河和它上游孔雀河河水。维吾尔人聚居的各绿洲原有比较严密的灌溉系统，此时得到保护和开发，使灌溉系统更趋完善，受益面积也大大扩大。在喀什噶尔和

---

① 永贵、苏尔德：《回疆志》卷 4。

吐鲁番地区还普遍使用了坎儿井灌溉系统。英国人包罗杰曾评述：由于清政府重视兴修水利，"耕种地区慢慢地，但稳固地在更大的面积上扩展开来，喀什噶尔、英吉沙尔和叶尔羌二城的附近地区变成驰名亚洲的花果园。谷物和水果出产丰富，从叶尔羌到天山南麓，旅行者可以一直在无边的果园中行进。他看见的各方面都是富裕和满足，平静的农舍和微笑的居民"①。

二是人口增长速度加快。据史籍记载，清政府统一新疆初期的1766年（乾隆三十一年），天山南北的维吾尔人有26.2万左右。其中塔里木盆地周缘主要绿洲城市的居民是：喀什噶尔66413口（14056户），叶尔羌65495口（15574户），和阗44603口（13642户），乌什3158口（822户），阿克苏24607口（7506户），拜城1735口（563户），库车4260口（1112户），赛喇木1627口（500户），沙雅尔1898口（673户），哈喇沙尔4260口（1130户）。另外，如伊犁20356口（6406户），辟展10373口（2937户），哈密12163口（1950户）。② 从上述统计中，18世纪中后期，喀什噶尔、叶尔羌、和阗仍是维吾尔人最多的地方。至1777年（乾隆四十二年）天山南麓人口已增加到32万左右，1826年（道光六年）前后，天山南麓人口增至65万左右。其增长速度，超过了内地人口的增长速度。

三是城镇的发展与繁荣。18世纪下半叶至19世纪上半叶，维吾尔族以农业生产为主，而且基本上定居于各绿洲上进行生产和生活，所以在塔里木盆地诸绿洲上形成了许多村庄。《钦定西域图志》载："回部……城村络绎，棋布星罗，几于烟火相望。"③ 其中，有具体统计数字的：喀什噶尔所属村庄16个，叶尔羌所属村庄31个，和阗所属村庄6个，英吉沙尔所属村庄9个，阿克苏所属村庄22个，乌什所属村庄11个，拜城所属村庄18个;④ 库车所属村庄97个，沙雅尔所属村庄32个，赛喇木所属村庄9个;⑤ 哈密、

---

① 《阿克柏伯克传》，1878年，第59—60页。（Demetrius Charles Boulgor, *The Life of Yakoob Beg*, London, 1878, pp. 59 – 60）

② 《钦定西域图志》卷33《屯政二》。

③ 《钦定西域图志》卷33《屯政二》。

④ 《新疆识略》卷3。

⑤ 《新疆识略》卷13。

吐鲁番和天山以北的维吾尔族村庄统计数目暂缺。城镇的发展，促进了城镇经济的繁荣。叶尔羌城"规模宏敞，甲于回部"①，是维吾尔人居住地区最大商业城市和贸易中心。据 1764 年（乾隆二十九年）叶尔羌参赞大臣额尔景额通过对阿奇木伯克鄂的调查，当时叶尔羌一城有维吾尔商人 200 余名，有专职伯克进行管理。"中国商贾山、陕、江、浙之人不辞险远，货贩其地，而外藩之人，如安集延、退摆特（西藏）、郭酺（浩罕）、克什米尔等处，皆来贸易。'八栅尔'（巴扎，集市）街长十里，每当会期，货若云屯，人如蜂聚。奇珍异宝，往往有之。牲畜果品，不可枚举。"② 阿克苏城"街市交错，茶房、酒肆、旅店莫不整齐，'八杂尔'街长五里"③，"内地商民，外番贸易，鳞集星萃，街市纷纭，每逢'八栅尔'会期，摩肩雨汗，货如雾拥"④。喀什噶尔更是因地控中国和中亚商路的要冲，商业和对外贸易更为繁荣。对外贸易的对象主要是费尔干盆地，阿姆河中下游，阿富汗、印度河上游地区。贸易货物主要有丝织品、玉器、土布，以及从内地来的茶、瓷、大黄等。

随着社会的安定、经济的发展、人口的增长，维吾尔人社会生活各个方面也得到有序的发展。

清政府统一新疆后，对伊斯兰教采取一些限制措施，以防范政教合一的反清势力再度出现。但对维吾尔人的宗教信仰并未限制干预。因此，伊斯兰教进一步深入维吾尔社会生活之中。

[本文为联合国教科文组织支持项目《中亚文明史》（英文版）第五卷第七章所撰，章名为《塔里木盆地》，该书中文版 2006 年已由中国对外翻译出版公司出版。此次收入本集取题为《16—19 世纪中叶的塔里木盆地诸民族》]

---

① 《钦定西域图志》卷 18。
② 《西域闻见录》卷 2。
③ 《回疆通志》卷 9。
④ 《西域闻见录》卷 1。

有清一代治理新疆的几个问题

一 清政府治理新疆前期的行政管理体制——军府制度

新疆地处我国西北，位居欧亚大陆腹心，幅员广袤，战略位置十分重要。自汉代以来，历代中央政府都重视对这一地区的治理与开发，在治理新疆的政治体制、政策上，逐步形成了一整套体系，成为中国封建社会时期治边政策的重要组成部分。

公元前138年和公元前119年，张骞两度出使西域，开始建立并加强了汉王朝与西域诸部的联系。公元前60年，西汉王朝设立西域都护府，统管天山南北的军政事务，西域地区遂正式列入汉朝版图。迄唐、元各代，中央政府对包括新疆在内的西域的统治，基本上是采取羁縻政策，因俗施治，不改变原来的民族与部落体系和政治体制，不触动原来的经济结构。在具体的管理机构的设置上，虽因时因地因民族有所不同，但对坚持西汉王朝起建立的屯田戍边制度，以及保护中西贸易和文化交流的丝绸之路的畅通，在基本政策和措施上都是大致相同的，到了有清一代，中央政府治理新疆的政策有了比较系统的发展。

（一）军府制度的建立

为维护国家的安定统一，清政府从康熙中叶开始大力经营西北。1690年（康熙二十九年），拉开了对准噶尔部统一战争序幕，历经三朝，费时60余载，终于在1758年（乾隆二十三年）取得了决定性胜利。次年，清军乘胜进军南疆，平定了大小和卓之乱。至此，清政府重新统一新疆、安定西陲的大业宣告完成。

清政府完成对新疆的重新统一，对清代西北边疆乃至中国疆域的历史进程产生了深远影响，是清代统一多民族国家发展史上最重大的成就之一。这不但最终结束了新疆地区自元末以来绵延数百年的割据状态，也使得清中央政府对这一广袤地区实行全面直接管辖成为可能。

清政府最高决策层对统一后新疆的善后经营表现出极大的关注。乾隆帝一再要求有关官员要站在"西北塞防乃国家根本"的高度，立足久远妥善筹划，即所谓"伊犁既归版章，久安善后之图要焉，已定者讵宜复失！"① 经过君臣上下反复商讨，决定治理新疆的大政方针是：政治上设官分职；军事上驻扎大军；经济上屯垦开发、以边养边。而上述方针在政治上、军事上具体实施，就是军府制度的建立。

1762 年（乾隆二十七年）十月，清廷正式宣布在新疆设立总统伊犁等处将军（简称伊犁将军），为清政府在新疆的最高军事、行政长官，驻节伊犁惠远城，代表清廷中央总揽南北疆各项军政事务。

作为军政合一的全疆行政管理体制，军府制度的职能包括军务与民政两大部分。从施政内容看，涉及政治、军事、经济、财政、人事、司法、外交各个方面；从施政方式看，军事事务多由各级军政大臣直接掌管，民政事务则在军政大臣主持或监督下，交各地民政官员具体办理。其主要职能大体可分七大方面：

①统率驻军，保持武备；

②考察官吏，定其升迁；

③屯田置牧，组织生产；

④核征赋税，奏调经费；

⑤管理台卡，巡边守土；

⑥办理王公入觐事务及藩属事务；

⑦处理对外事务。

（二）军府制度的组织管理系统

1762 年（乾隆二十七年）十月，明瑞被授为首任伊犁将军。伊犁将军之下，设参赞大臣、领队大臣、都统等职，分驻天山南北各地，管理本地军政事务。各级军政长官的分设，根据形势和治理需要，在不同

① 《平定准噶尔后勒铭伊犁之碑》。

时期有所变化，到乾隆末年，新疆军政大臣建置基本定型，其结构层次如下图所示。

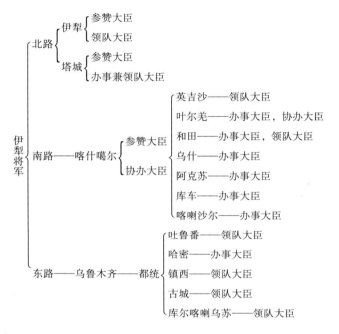

新疆各级军政大臣的建置大体上循以下原则：一是官员配置北重南轻，军政重心在北疆；二是将全疆划分为三大地理单元，北路伊塔地区归伊犁将军直辖，南路八城和东路乌鲁木齐地区（北疆库尔喀喇乌苏以东，南疆吐鲁番、哈密以北）分别由喀什噶尔参赞大臣和乌鲁木齐都统分别综理，听伊犁将军节制；三是视地方之冲要繁难程度，分别派驻不同级别军政官员，战略要区委以都统、参赞大臣，其余各城，大者派驻办事大臣，以协办大臣辅佐，小者派驻领队大臣。

军政长官辖下的民政系统和军事驻防系统如次。

在民政管理系统方面，清政府根据新疆的地方、民族特点，因俗施治，因地制宜，在军政长官辖下，分别建立起三种不同的民政管理系统。

1. 州县制度

主要施行于北疆各地及东疆内地移居人口较多地区。

2. 伯克制度

伯克制为新疆维吾尔聚居区固有的政治制度。伯克一词本义为首领。清

朝统一天山南北后，对南疆各城和北疆伊犁维吾尔聚居区因俗而治，在沿用
其制的同时加以改造，使伯克制度成为清政府在当地的一种地方官制。

3. 札萨克制

施行于新疆的卫拉特蒙古诸部落。

札萨克制是清政府在漠南、漠北蒙古各部广泛实行的一种行政管理体
制。蒙古部众编旗设佐，每旗设札萨克一人总管亦即旗长，一旗或数旗合
为一盟，设立盟长。札萨克可以世袭，对所辖本部事务有充分的自主权，
但必须经清廷任命，并服从理藩院的各项政令。

在军事驻防方面，清政府从镇边守土目的出发，从全国各地抽调满
洲、蒙古八旗及绿营进疆驻守。驻军配置于天山南北，由各处军政大臣统
率而总辖于伊犁将军，形成广大有序的全疆军事驻防系统。

（三）军府制度的历史功绩与局限

采用军府制管理新疆，历史上不乏先例。汉代的西域都护府，唐代的
安西、北庭都护府都属于这一类。清朝在新疆建立军府制度，结合当时实
际条件，汲取并发展前代的有效经验，取得了很大成功。

第一，清代新疆军府制度在组织结构上以伊犁将军和各级军政大臣直
接统辖全疆民政、军事管理系统，一改以往地方行政建置中的羁縻色彩，
在更高程度上达到政令的统一，有利于中央政府对这一地区的统筹治理。

第二，在管理职能上，军府制度比前代都护府承担了更为广泛全面的
行政职责，大大提高了地方民政事务在职能中所占的比重，将经营治理的
注意力从军事方面更多地转向政治方面的治理和经济方面的开发。

第三，设置大员与派驻大军相结合，提高了地方捍卫国家领土、防范
外敌侵扰、稳定巩固统一局面的能力。这一点对于地处边徼、多民族聚居
又值统一之初，百废待举的新疆，是至关重要的。

左宗棠曾高度评价新疆军府制度的历史作用："我朝定鼎燕都……百
数十年无烽燧之警，不特前代所谓九边皆成腹地，即由科布多、乌里雅苏
台以达张家口，亦皆分屯列戍，斥堠途通，而后畿甸宴然。盖祖宗朝削平
准部，兼定回都，开新疆，立军府之所贻也。"①

---

① 《左宗棠全集·奏稿》卷50。

但是必须指出，这种军政合一的管理方式毕竟不是完全意义上的地方行政管理制度，与行省州县体制相比，尚处在较低的建置层次，其历史局限性主要表现在：

第一，管理体制系层次重叠和事权多元化。清政府一方面规定，伊犁将军为全疆最高军事行政长官，总揽各项事务，同时又命陕甘总督节制乌鲁木齐以东地区，分其权责，相互牵制。军府体制内部隶属关系也十分复杂，喀什噶尔参赞大臣与乌鲁木齐都统受命伊犁将军节制下分理南、东、西路，主政行事有很大独立性；各城大臣统理地方而不直接理民，民政事务交州县、伯克、札萨克三种民政系统分别办理，但奏请上报之权仍握于大臣之手；将军、都统与参赞大臣、办事大臣品秩接近，不相上下。以此种种，造成管理上叠床架屋，头绪纷繁，职权分工不清，彼此掣肘，遇事推诿。

第二，官员结构偏重武职，职掌重心偏在军事，治兵之官多，治民之官少。将军、都统、参赞大臣、办事大臣等重要官吏均为武职官员，系以军事长官司身份管辖地方，过问民事。另外，就仕宦经历与素质才干论，这些大员或出身禁闱，或来自军旅，很难适应地方施政和开发建设需要。甚至将军大臣衙置所属文员及东路镇迪道州县文职各官，也是绝大多数出身八旗，与内地州县官吏来自地方者迥异。及至嘉道以后，承平既久，选官多用宗室、侍卫及左迁满员，素质日趋低下，地方政事益形驰坏。

第三，地方民政因俗施治，导致各地治理程度参差不齐。南疆各地沿用伯克制度，虽然清政府废除了伯克世袭规定，但因驻扎大臣不直接理民，王公伯克在地方实际上仍拥有极大的统治权力。各级伯克借官府之势，巧取豪夺，既破坏了南疆的社会生产力，又激化了清政府与维吾尔人之间的矛盾，加剧了社会动荡。道咸以降，伯克制度已成为南疆社会发展的桎梏。

清政府治理新疆前期推行的军府制度，保证了乾隆中叶以后新疆地区长达百年的安定，但随着清政府综合国力的下降、外患内乱迭起，军府制度自身弱点日显，清廷朝野经半个多世纪的讨论与政治、军事实践，终于走出了废除军府制度、建立行省的决定性一步。

二　清政府治理新疆后期的行政体制——创建行省

（一）新疆行省体制的确立

军府制度治理下的新疆，虽然在 1820 年（嘉庆二十五年）因和卓后裔张格尔入侵新疆引起震动，但由于清廷统治威力尚存，新疆社会仍未发生大的动乱。1845 年（道光二十五年）后，南疆维吾尔人不堪清朝官吏和维吾尔伯克的横征暴敛，反抗趋于激烈。1864 年（同治三年），库车各族百姓终于发动了大规模武装起义，攻入库车城，农民起义烈火迅速燃遍新疆各地。1866 年（同治五年），伊犁起义军攻占惠远城，将军明绪自尽，标志清朝统治新疆军府制度的结束。然而，新疆各族百姓起义的胜利果实却被各民族中的封建主和反动的宗教头目篡夺，新疆形成了封建割据局面。内乱引发外患，浩罕军官阿古柏乘机入侵，沙俄也出兵强占伊犁。1876 年（光绪二年），督办新疆军务的钦差大臣、陕甘总督左宗棠指挥清军收复新疆。1881 年（光绪七年），清政府与俄国订立《中俄伊犁条约》收回伊犁。经过十多年动乱，新疆重新置于清政府统治之下。

然则，这时的新疆不仅军府旧制"荡然无存，万难再图规复"①，而且社会经济生活也是"屋舍荡然""人烟门绝"。1877 年（光绪三年），清政府谕令左宗棠统筹全局，左宗棠遂提出新疆建省主张。

新疆建省之议由来已久，嘉庆年间著名学者龚自珍创议在新疆设置行省，道光年间魏源也主张新疆改设行省。由于学者们人微言轻，未能引起清廷决策层的重视。时隔半个世纪，作为权倾一时的边疆大吏左宗棠五次奏议新疆建省，引起清廷决策层的重视。后经左宗棠继任谭钟麟、刘锦棠的补充发挥，创建行省之议于 1884 年（光绪十年）终为清政府采纳。是年十月，清政府正式任命刘锦棠为甘肃新疆巡抚，魏光焘为甘肃新疆布政使。

（二）行省的管理系统

1884 年（光绪十年）十月，清政府正式任命刘锦棠为甘肃新疆巡抚，魏光焘为甘肃新疆布政使，标志着新疆省正式成立。在此前后，从光绪八年到二十八年，新疆省地方建置日渐齐备。这里应当指出的是，新疆建省、广置郡县过程中，善后局起了重要作用。

原来，清军在驱逐阿古柏匪帮过程中，为了恢复生产，维护地方社会秩序，保证部队粮草供应，组织了各级善后局，"开办善后保甲、清丈、征粮各事宜，招徕安集，散发农器牛籽"②，地方上的一切事务，诸如

---

① 《刘襄勤公奏稿》卷 3《遵旨拟设南路郡县折》。
② 《刘襄勤公奏稿》卷 5《关外各军行粮章程善后局一切应发款目缮请立案折》。

"清查田赋，劝课蚕桑，创设义塾，修理城池、廨宇、台站、渠堰、桥梁、道路，巡阅边卡，捕拿游匪，听断回、汉词讼，抽收税厘，万绪千端"①，都归善后局管理。新疆建省前，共有东四城善后总局兼办阿克苏善后局，西四城善后总局兼办喀什噶尔善后局，喀喇沙尔、库车、乌什、英吉沙尔、叶尔羌、和阗、吐鲁番、迪化州八处善后局，沙雅尔、拜城、玛纳巴什三处善后分局。这些善后局的职能与内地郡县职能几乎完全一致，因此，便成为后来建立郡县制的基础。

还应指出的是，自刘锦棠之后，魏光焘、饶应祺、潘效苏相继为新疆巡抚。饶应祺在任期间，新疆建省已经18年。由于"生齿日众，边境安谧，岁事屡丰，关内汉、回携眷来新就食、承垦、佣工、经商者络绎不绝，土地开辟，户口日繁"②，一些地方建置已不适应新形势的需要，所以，或增设厅县，或升设府州，地方建置多有变化。到光绪二十八年，新疆全省设道四、府六、厅十一、直隶州二、州一、县二十一、分县二。

新疆建省后，职官设置的情况包括以下几方面：

巡抚衙门设巡抚一员，兼兵部侍郎、都察院右副都御史，节制提镇、城守尉，督理粮饷。光绪三十二年，改为兼陆军部侍郎，都察院副都御史，笔贴式二员，提法使一员。光绪十一年以原设镇迪道加按察使衔兼管刑名驿传事务。宣统二年改为兼提法使衔。巡抚衙门内还有"书吏""承差"若干员，承办缮折文案等事。

布政使司设布政使、经历、新裕库大使各一员，掌一省行政，总司全省钱谷出纳，承宣政令，考核所属州县。

提学使一员设于光绪三十二年，下有学科科长，副科长等无定员。这是清末官制改革中各省学政裁撤后新设的官职，掌理学务事宜。

在蒙古各部，于乌讷恩素珠克图盟旧土尔扈特南部落四旗，保存札萨克盟长卓哩克图汗一员；北部落三旗，有札萨克布延图亲王一员；东部落二旗，札萨克毕锡呼勒图郡王一员；西部落一旗，札萨克济尔噶朗贝勒一员；青色特启勒图盟新土尔扈特，中路和硕特札萨克固山贝子一员。

在维吾尔各部，于哈密保存札萨克亲王一员；吐鲁番札萨克多罗郡王

---

① 《刘襄勤公奏稿》卷5《请恤道员张宗翰并事迹宜付史馆折》。
② 《新疆图志》卷106《奏议志十六》。

一员；库车郡王一员；阿克苏郡王职衔贝勒一员；拜城辅国公一员；乌什贝子衔辅国公一员；和阗辅国公一员。

在哈萨克各部，于伊犁两部即黑宰部、阿勒班部，设台吉一员；塔尔巴哈台四部，即柯勒依部、曼毕特部、赛布拉特部、吐尔图勒部，分设台吉、千户长、百户长等员。

此外，伊犁将军仍然保留，成为只管伊犁、塔尔巴哈台地区军队的驻军长官。原各级驻军大臣先后裁撤。

（三）创建行省的历史功绩

近代新疆的行政建置由原来的军府制演变为郡县制，在历史上有着重要意义。

第一，有利于抵御国外侵略势力的威胁。新疆建省前，行政建置不统一；哈密、乌鲁木齐等地属驻兰州的陕甘总督管辖；伯克制、郡县制、札萨克制并存。新疆建省后，结束了这种人为地把新疆分成两部分进行管辖的不合理状况，分散、不统一的行政体制为单一的郡县制替代，军政大权统于巡抚。这一切，增强了新疆地区捍卫国家领土主权的能力。正所谓"新疆东捍长城，北蔽蒙古，南连卫藏，西倚葱岭，居神州大陆之脊，势若高屋之建瓴，得之则足以屏卫中国，巩我藩篱，不得则晋陇蒙古之地均失其险，一举足而中原为之动摇"①。

第二，有利于促进社会经济的发展。新疆建省后，为了恢复残破的经济，清政府改革了新疆旧有田赋制度、屯田制度和采矿制度，允许内地民众移居新疆。在田赋制度方面，新疆建省前与内地"地丁合一""按亩征收"不同，是"按丁索赋"。结果，"富户丁少赋役或轻，贫户丁多赋役反重"②。新疆建省后，将内地实行的地丁相合一制度推行到新疆，从而减轻了各族农民的赋役负担。在屯田制度方面，新疆建省前，兵屯、犯屯受累极重。新疆建省后，对营勇汰弱留强，裁减兵勇"就各兵驻防之后，如有荒地可拨，为之酌数分给，即同己业"③。对于犯屯，也"仿照民屯，优给牛籽房具田粮"④，

---

① 《新疆图志》卷1《建置志一》。
② 《左文襄公全集·奏稿》卷53《复陈新疆情形析》。
③ 《刘襄勤公奏稿》卷7《遵旨统筹新疆情形以规久远析》。
④ 《刘襄勤公奏稿》卷12《新疆助垦人犯筹款安插情形析》。

从而调动了屯垦生产的积极性。在矿业制度方面，新疆建省前，挖金采铜筹币采取摊派方式，农民被强迫入山采矿冶炼。新疆建省后，改为"听民开采，纳课归官"①，在一定程度上调动了农民的积极性。此外，新疆建省后，社会经济亟待恢复，需要大批劳动力，清政府取消了以往的禁令，允许内地农民迁赴新疆耕作。结果，直隶、山东等省的"逃难百姓"来到新疆，加快了新疆的经济开发，新疆建省时，乌鲁木齐"城中疮痍满目，无百金之贾，千贯之肆，自城南望到城北，榛芜苍莽"。新疆建省后，"首治邮驿亭部以通商路，于是废著鬻财之客，连袂接轸，四方之物，并至而会"②，乌鲁木齐很快繁荣起来。这从一个侧面反映了新疆建省后社会经济的恢复和发展。

第三，郡县制代替伯克制，一定程度上解放了社会生产力。郡县制产生于春秋时代（前8世纪至前5世纪），秦朝以后，成为我国历代相沿的地方制度。在这一制度下，郡县各级官吏为封建朝廷简拔，也受朝廷调遣或罢黜，因而它有利于中央集权，在中国统一多民族国家发展巩固过程中占有重要地位。此外，一般说来郡县制和封建的租佃制相联系，是一种比较进步的封建政治制度。而伯克制则不是，它不仅是一种职官制度，而且还是封建农奴制度，各级伯克就是大小不等的封建领主。在这种制度下，伯克们占有"燕齐"，即农奴。农奴在作为伯克俸禄的"养廉田"里耕作。伯克们还任意霸占自耕农的土地，迫使更多的自耕农为逃避清政府的赋役而沦为"燕齐"。1887年（光绪十二年），清政府决定所有伯克名目全行裁汰，从此，伯克制退出了历史舞台。原来被束缚在这些土地上的"燕齐"，开始以佃农的身份租种政府的土地，按例纳赋，从而使实物地租代替了劳役地租，租佃制取代了赋役制，解放了社会生产力，一定程度上调动了维吾尔农民的积极性，促进了维吾尔人聚居地区社会经济的发展。

三 清朝统治新疆时期的动乱事件

与社会稳定相对立的是社会动乱。作为一种社会运行形态，就"动乱"一词试作如下界定：动乱是某些人、某些组织、某些阶层、某些阶级

---

① 《刘襄勤公奏稿》卷12《新疆助垦人犯筹款安插情形析》。
② 《新疆图志》卷29《实业志二》。

的行为越出了社会运行常轨，引起社会秩序混乱，影响社会生产、生活及各方面活动正常运行，并危及国家安全的社会运行形态。这里所说的清朝时期动乱事件是涵盖了叛乱、暴动、农民起义、宗教纠纷、外国入侵等引起社会动荡、混乱的一切事件，并不涉及对每一动乱事件性质的评估。清朝统治新疆自1759年至1911年，共152年。其间发生过一些动乱事件，尽管有的达到一定规模，然而最终并没有从根本上破坏新疆地区与祖国的统一。

（一）基本状况评估

清王朝自1759年统一新疆以后，除了个别年代，基本上牢牢控制了新疆政局。当然期间也发生过一些动乱事件。152年间，形成一定规模、产生较大影响的动乱并不多，如果把所有微小型动乱事件都算上，有20来起。那种认为当时新疆一直处于"十年一小乱，二十年一大乱"的说法，是没有历史根据的。

1. 规模，归纳起来可分三个层次

大型。波及新疆大部分地区的仅两起：同治年间发生的新疆农民起义（1864）和阿古柏入侵（1865—1877）。这两起实际上是连接、交织在一起的。

中型。跨几个"回城"（相当于今天的县）的有5起：张格尔之乱（1820—1828）、浩罕入侵（1830）、七和卓之乱（1847）、倭里罕之乱（1857）和沙俄入侵（1871—1882）。

微型。范围在一个或几个"回庄"（相当于今天的乡）的有：迈喇木事件（1760）、乌什起义（1765）、昌吉犯屯暴动（1767）、孜牙墩事件（1815）、玉散霍卓依善事件（1855）、贸易圈事件（1855）、迈买铁里事件（1857）、额帕尔事件（1860）、杨三腥事件（1863）、吴勒子事件（1899）、吐尔巴克事件（1907）等。有的事件仅在卡伦附近发生，如胡完事件（1845）、铁完库里事件（1852）、沙木蒙事件（1845）等，规模就更小了。

从时间上看，只有阿古柏入侵和沙俄入侵两者交织在一起，延续十几年，张格尔之乱前后七八年，但只是在1826—1827年秋春之际形成一定规模。乌什事件前后持续半年有余，但范围仅乌什一城。其余长不过二三月，短则几天。

2. 热点地区

半数以上事件，如迈喇木事件、孜牙墩事件、张格尔之乱、浩罕入侵、胡完事件、七和卓之乱、铁完库里事件、沙木蒙事件、玉散霍卓依善事件、倭里罕之乱、额帕尔事件、阿古柏入侵等，均发生在塔里木盆地西部喀什噶尔（今喀什）、叶尔羌（今莎车）一带。

3. 多发时期

绝大多数事件，包括所有大中型动乱事件集中在 19 世纪 20—70 年代，即清朝统治新疆中期。1759—1819 年的 60 年间仅 4 起，都属微型的。19 世纪 70 年代以后仅有 3 起微型事件。因此可以认为，清朝统治新疆经历了一个"治—乱—治"的过程。

（二）类型分析

清朝统治新疆时期动乱事件性质比较复杂，归纳起来大致有以下几类：

1. 白山派和卓家族作乱

17 世纪末，伊斯兰和卓家族在以喀什噶尔、叶尔羌为中心的南疆西部塔里木盆地建立了准噶尔贵族卵翼下的神权统治。18 世纪中叶清朝在统一新疆的战争中，与清朝对抗的白山派和卓后裔流亡境外浩罕等地。这些亡命之徒本身成不了气候，但自 19 世纪 20 年代起，他们得到浩罕封建主的支持，开始由境外入寇，制造了张格尔之乱、七和卓之乱、倭里罕之乱等事件，并参与历次的浩罕入侵、骚扰共 11 起之多，这些骚乱使喀什噶尔地区成为新疆动乱的热点地区，和卓入寇是祖国统一、新疆统一时期，封建宗教贵族的复辟活动，其目的是在南疆搞"独立"活动，为了复辟，张格尔甚至不惜与浩罕封建主"子女、玉帛共之"，"割喀城酬劳"浩罕。

2. 外国势力的入侵

这类动乱又可分为两类。一是沙俄入侵，二是浩罕封建主入侵。

沙俄入侵势力引发事件两起。其一是同治年间沙俄出兵霸占伊犁，这是发生在浩罕军事封建主阿古柏大举进军南疆，而清政府已对新疆大部分地区失去控制的时候。直到光绪初年清军平定阿古柏收复南北疆大部分地区后，沙俄才被迫撤兵退还伊犁。其二是咸丰年间，塔尔巴哈台民众为反抗沙俄霸占雅尔噶图金矿，焚毁了沙俄在中国领土上所建类似租界性质的贸易圈，由此引发涉外事变，但规模影响仅塔尔巴哈台一地。

浩罕入侵势力制造的变乱事件 4 起，规模较大的是 1830 年浩罕军入侵和 1865 年阿古柏入侵，其他 2 起（玉散霍卓依善事件和额帕尔事件）是微型的变乱。1830 年事件在西方论著中一般称作"玉素普圣战"，这种提法不符合历史事实，这一事件肇事元凶是浩罕入侵军。浩罕入侵军两三万，由浩罕宰相明巴什阿哈胡里统领，玉素普和卓参与其间，但只是胁从。浩罕军作乱三个月，一度抢占了喀什噶尔、英吉沙尔两地回城，但当清军赶到前夕即窜出边卡。浩罕封建主的这次入侵完全是明火执仗的强盗行径，连浩罕史料都承认，这是"掠夺性远征"。1865 年阿古柏事件是浩罕封建主对新疆的军事入侵。阿古柏是浩罕国的高级军官，生于塔什干附近的皮斯坎特，乌兹别克人（一说塔吉克人）。1864 年库车农民暴动引发了新疆农民大起义。喀什噶尔白山派头目托合提马木提、塔什密里克庄柯尔克孜头目恩得克、伽师回民头目金相印先后起事，并发生讧斗。恩得克为控制喀尔噶尔联合金相印等，派人去浩罕迎请白山派和卓后裔。浩罕摄政王毛拉柯里木库里遂派阿古柏护送和卓后裔布素鲁克来到南疆。阿古柏入侵喀什噶尔不久便将布素鲁克踢到一边，并通过一系列战争，攻灭了当时南疆各地占地为王的封建主，建立浩罕殖民政权，即所谓的"哲德沙尔"（七城）伪政权。近年日本学者的研究认为，阿古柏政权的各级军政官吏绝大多数是外来者，浩罕国人。结论是"征服者的特权军事集团是覆盖在相对独立的几个地区性社会之上的上层建筑，和进行掠夺统治的军事寄生国家的形象是没有矛盾的。从这一意义上，我们必须说，把阿古柏政权断定为维吾尔的政权是有困难的"①。这一研究是认真的，结论是有说服力的。有人认为阿古柏问题是内乱性质，理由是浩罕国属于中国，这种认识也是缺乏历史根据的。诚然浩罕国在乾隆时期曾在政治上依附于清朝，但清王朝从来没有在浩罕设官、驻兵，也没有在该地征收赋税。其时它仅仅是清朝中国版图外的附属国。至于把阿古柏颂扬成维吾尔族"民族英雄"，把清朝平定阿古柏说成是镇压维吾尔人民起义，在学术上是荒谬

---

① ［日］新免康：《阿古柏政权性质的考察》，载（日本）《史学杂志》，96 编，4 号。

的，政治上是别有用心的。

3. 农民起义

这类事件主要有 1765 年乌什起义和 1864 年新疆农民大暴动。1857 年库车迈买铁里事件、1863 年伊犁杨三腥事件是微小型的，但显然是 1864 年新疆农民大暴动的先声。1765 年乌什起义是小型事件，但影响较大，值得注意。另外两起，即 1767 年昌吉犯屯暴动和 1907 年哈密吐尔巴克事件，都是微小型变乱。

同治年间新疆农民大暴动是当时新疆社会阶级矛盾的总爆发，其性质是反封建的农民起义。但是，由于起义农民没有认识到自己的阶级利益，致使起义的领导权几乎从一开始就为世俗和宗教封建主把持。新疆的大部分地区很快变成宗教封建主宗教战争和宗教封建主之间互相攻伐的战场。这种混乱局面很快导致了浩罕封建主的入侵，整个变乱由此发生了根本性质的转变。

1765 年乌什起义却是当时本地阶级矛盾尖锐化的结果。后来清朝方面的调查证实，"乌什回人（维吾尔民众）作乱实因扰累所致"[1]，乌什起义本质上是反封建的。乌什起义并没有扩大的原因是，除乌什一地外，当时南疆社会阶级矛盾远没有激化到官逼民反的地步。再就是，企图趁乱闹事的伯克、阿訇毕竟是少数，而大多数维吾尔伯克则表现出维护新疆政局稳定的坚定立场。总之，对乌什起义的正义性质应予肯定，但是这种肯定并不意味着肯定那些趁乱闹事的伯克、阿訇。把他们的这些活动简单地等同于人民起义的观点，把反对闹事视为镇压人民起义刽子手的认识，并不可取。

（四）宗教纠纷引发的变乱

清朝统治新疆时期常有宗教纠纷，但由此引发变乱的只有 1815 年孜牙墩事件和 1899 年吴勒子事件。

孜牙墩只是喀什噶尔附近一回庄的阿訇，属黑山派，他为迎娶白山和卓家族之女，违反了黑山与白山互不往来的戒律，遭到阿奇木伯克粗暴干涉，愤而起事。这本是宗教教派中的纷争，可清朝官吏中好事者小题大

---

[1] 《平定准噶尔方略》续编卷 29。

做，抓获孜牙墩后以严刑逼供，迫使这位小小回庄的阿訇承认要做南疆王。此事被渲染得如此有声有色，以致西方和日本的有关著作都把它当作一件大事来叙述。但总的来看，它只是件最低层次的微小事件。吴勒子为绥来（玛纳斯）回民新教头目，清政府在"新旧教争"中偏袒旧教压制新教，由此引发这一变乱事件。它同孜牙墩事件一样属微小事件，所不同的是几乎没有引起人们的注意。

以上仅对历次变乱的性质做了大致划分。实际上变乱的情况是错综复杂的，如道光、咸丰年间喀什噶尔地区的变乱都是和卓复辟势力与浩罕入侵势力勾结的结果。有时和卓煽动民众在前打冲锋，浩罕封建主在背后出力、出兵支持，如 1826 年张格尔攻打喀什噶尔；有时是浩罕直接出兵，和卓积极参与，如 1830 年浩罕入侵事件；有时是和卓在城外骚扰，侨居在喀什噶尔城内的浩罕商头领人放火内应，如 1857 年倭里罕之乱。从以上分析中可以看到，这一时期新疆动乱所反映的既不是民族问题，也不主要是宗教问题，究竟是什么问题呢？还必须对这一时期社会经济发展过程和新疆境外环境的演变进行深入考察。

（五）原因分析

清朝统治新疆时期政局演变的基本轨迹是"治—乱—治"，南疆西部地区是动乱的热点地区。其原因可做如下分析。

1. 新疆社会、经济矛盾运动的结果

军府制度下，清政府在新疆实行以伯克制为主、札萨克制和郡县制为辅的一区三制，表现了清政府行政建置的灵活性。实施之初，总的看来，依靠面广泛，打击面狭小，而且清军在南疆驻兵少，对地方的科派也相对少。南疆维吾尔农民向清政府缴纳十分之一税，比过去将自己收成一半以上缴给准噶尔封建贵族，要轻得多。清朝在新疆的统治，至少在前期，维吾尔农民的负担有相当程度的减轻，除个别地方外，阶级矛盾相对缓和，这就是乾隆、嘉庆时期新疆半个多世纪政局稳定的根本原因。

道光年间和卓后裔开始在喀什噶尔地区闹事，原因是多方面的，其中很重要的一点就是伯克制的弊端。前面我们谈到军府制下的伯克制之建立是历史的变革，但这种有限度的"改土归流"，其弊端是固有的，并随着时间的推移越来越明显。大臣凌驾于伯克之上，但一般只管军政，民政事务全部放手于伯克。伯克虽不再是世袭土官，但伯克选拔范围完全限于维吾尔权贵，伯克，特别是高级伯克子弟再贪纵暴虐，也可能选中。伯克任期长，有的伯克甚至可在一城一地为所欲为一二十年，直至老死，俨然一方土王。激发乌什起义的阿奇木伯克阿不都拉，就是哈密郡王的弟弟，他把乌什庶民统统当作任意驱使的农奴，当时乌什地区阶级矛盾的激化还不带有普遍意义，但已显示出伯克制的弊端。清政府总结乌什事件教训时提出一些"革弊安良"措施，即"阿奇木之权宜分，格纳坦（苛捐杂税）之私派宜革，回人之差役宜均，赋役之定额宜明"等。但是，伯克制中的弊病只能暂时收敛，并不能从根本上加以遏制。这种以落后的领主制为经济基础的伯克制，越来越阻碍着生产力的发展。进入 19 世纪，伯克们的领主地位越来越强化，"民穷"问题日益严重，阶级矛盾日趋尖锐，从而为动乱提供了社会基础。

事实上，阻碍历史前进的伯克制最终还是被人民埋葬了。同治年间农民暴动烈火燃遍大半个新疆，待左宗棠领兵规复新疆时，维吾尔王公伯克都已"家产荡尽"，衰败没落，农奴对王公伯克的人身依附在很大程度上得以挣脱。左宗棠认为"际此天事、人事均有可乘之机，失今不图，未免可惜"[1]。力主废伯克，置行省。1884 年新疆建省，同时裁撤各城伯克。一部分伯克在地方政府中留任书吏或乡约，虽分有田地做办公薪资，却不再分得"燕齐"。战乱后新疆实行与内地同一的摊丁入亩赋税制度，比之过去显然是社会的进步。以建省为中心的社会政治经济制度的改革，既加强了与祖国内地在政治上、经济上一体化的进程，又在一定程度上解放了生产力，从而为清朝统治最后时期的新疆政局的稳定提供了保证。当然这种变革仍有其不彻底性。哈密王的世袭领地依然完整地保留下来，该地的"改土归流"问题至清朝覆亡也未解决。1907 年哈密吐尔巴克事件发生，标志着哈密地区将转为变乱的多发区，这在民国新疆史中得到证明。

综上所述，围绕军府制下的伯克制的建与废表现为分两步走的"改土归流"过程，本质上是生产关系的调整变革，它对新疆政局的发展有着决定性作用。

---

① 《左宗棠全集·奏稿》卷 53。

2. 来自境外的入侵，引发或加剧新疆动乱

清朝统一新疆伊始，由伊犁往西广大草原地区为哈萨克各部落游牧地，喀什噶尔附近及天山西部山区为柯尔克孜各部落游牧地。清朝政府以哈萨克、柯尔克孜为新疆西境边塞卫士，如魏源所言："新疆南北二路，外夷环峙，然其毗邻错壤作我屏卫者，唯哈萨克、布鲁特（柯尔克孜）两部落而已。"①

19 世纪初，在与喀什噶尔西境柯尔克孜牧地相邻的费尔干纳盆地，由乌孜别克族建立的浩罕国迅速崛起。它不仅在政治上逐渐脱离了对清朝的依附，而且出于垄断控制通过喀什噶尔东方贸易的野心，加紧向清朝边境及至喀什噶尔地区多方渗透。嘉庆末年，浩罕封建主一再试图把自己的征税官派到喀什噶尔收取商税。这种侵犯中国主权的无理要求，理所当然地遭到清政府的严词拒绝。浩罕一带滞留了一些亡命和卓后裔，一向为浩罕封建主不齿，浩罕称他们为"无赖""歹徒"。但是，由于对清政府的日益不满，浩罕封建主遂支持和卓闹事，好为自己火中取栗。张格尔之乱发生后，浩罕封建主认为这是浑水摸鱼的好时机。清朝统治新疆中期浩罕的历次入侵、骚扰就是在这一背景下发生的，也正是浩罕的入侵，加剧了喀什噶尔附近地区的社会动荡。

清朝统治新疆中期多变乱、两头却是相对平静，归根结底是新疆社会经济的矛盾与来自境外的因素共同作用的结果。其中必须看到的是：这一时期的社会经济制度的变革对新疆的稳定起到决定作用。

3. 清政府治疆战略思想、疆吏的应变举措及新疆吏治状况，也对动乱的发生、发展在一定程度上产生影响

在乾隆皇帝看来，"辟新疆"是"继述祖宗（指康熙、雍正帝）未竟之志事"②，这是从政治角度考虑问题。军事重臣如左宗棠强调的是"重新疆者，所以保蒙古，保蒙古者，所以卫京师"③，这是从军事角度考虑问题。新疆驻有数万军队，虽然屯田解决了粮饷问题，但官兵的俸银等开支仍依靠中央政府的"协饷"支持。这笔耗费常被当作一个问题提出，特

---

① 《圣武记》卷 4。
② 《清高宗实录》卷 599。
③ 《左文襄公全集·奏稿》卷 46。

别是新疆变乱发生，军费倍增，朝廷上下未免议论纷纷。如李鸿章说：乾隆朝定新疆"徒收数千里旷地，而增千百年之漏卮，已为不值"[1]。虽然清朝最终把新疆军事战略上的重要地位与本朝生死存亡联系起来，认定放弃新疆"虽欲闭关自守，其势未能"[2]，但一般确实以为新疆在经济上是"无用之地"，对新疆经济发展问题从来不屑一顾。嘉庆朝一位疆臣曾提出要在某地开办铅厂，据称年可得税银一万两，于新疆财政有所弥补，但遭到清帝的拒绝和斥责。清帝再三告诫的是："新疆重任，以守成为本，切勿存见讨好之念。"[3] 清政府长期实行低赋，维持旧体制，以为这样就可天下太平，其实不然。事实证明，维护落后的社会经济制度，忽视新疆的经济开发，致使社会发展相对停滞，只能为大规模动乱爆发准备条件。新疆经济发展远远落后于内地，防备经费不得不依赖中央政府的财政支持。乾隆后期清朝国力下降，鸦片战争后为支持战争赔款，国库告罄，加之咸丰、同治年间太平天国、陕西回民起义，导致供给新疆"协饷"完全断绝，新疆防务也随之陷入绝境。这也是同治年间新疆被外敌侵占、社会动荡一时无法遏制的重要原因之一。总之，加强新疆军事、政治建设，成绩应予肯定，但视新疆在经济上为"无用之地"的认识，发展经济无所作为的观点，却是其治疆战略思想上的最大失误。其实，这与清政府边疆政策在鸦片战争前的最大失误——片面追求社会稳定，而牺牲社会发展有密切关系。

新疆政局的动荡和稳定，除了以上所述的根本原因外，有时还与疆吏的应变举措有着重要联系。左宗棠统兵入疆，以排山倒海之势扫荡了阿古柏匪帮，又以大无畏精神部署抗俄军事，力促中俄伊犁交涉成功，继而抓住历史契机，促成新疆建省，总之，他在军事、政治上的作为对新疆历史发展产生了不可磨灭的影响。另外，某些疆吏举措失误导致严重后果，亦不止一二例而已。如1765年乌什起义，起初起事者仅百人，且最初仅仅是反抗乌什的阿奇木伯克和办事大臣的贪淫暴虐，清兵赶来时乌什民众还开城门相迎。但清兵在阿克苏办事大臣卞塔海指挥下开炮轰城，遂致全城

---

① 《李文忠公全集·奏稿》卷24。
② 《清德宗实录》卷4。
③ 《清仁宗实录》卷305。

造反。再如张格尔自 1820 年闹事，但一直是在边卡上的小规模骚扰，追随者也仅数百人，可是到 1825 年事态急剧恶化，缘由是一个名叫巴彦巴图的清朝军官领兵追捕张格尔，未获，却将当地柯尔克孜（布鲁特）头人亲属及许多无辜牧民杀害，谎称遇贼杀敌。这场滥杀的后果是把大批柯尔克孜人推向张格尔一边，张格尔由此气焰嚣张。现在看来，当时的一些变乱，本不该发生或本不该形成那样的规模，但由于疆吏应变举措严重失误，终于发生了、扩大了。

应变过激会致使事态人为扩大，反之过缓消极应付，本想息事宁人，往往适得其反。浩罕在张格尔骚乱伊始就深深地卷了进去。平息张格尔之乱后，清朝钦差大臣那彦成对浩罕采取禁绝贸易的措施，一心认为浩罕"生计日蹙，不久即叩关效顺"，军事上并没有什么准备，没料到，竟被浩罕突然袭击打个措手不及。待清朝从万里外调集重兵驰援，浩罕入侵军又缩了回去。清朝为摆脱不战不和进退两难的局面，只得全面妥协，与浩罕媾和。自此以后，浩罕益发骄横，直接间接插手了以后许多次喀什噶尔地区变乱。一位俄国人作为旁观者看到："浩罕人积极参与了一切反叛风潮。"然而使他震惊的是："中国对胡作非为的浩罕人所持的忍让政策。"如他所说："在这种情况下，新疆的秩序和安宁无时可确立。"① 顺便指出，应变过激多半发生在基层，其失误一般是战术性的；而应变过缓则是高层决策中的问题，其失误往往是战略性的，后果可能更加严重。

疆吏应变失当，有的是能力素质问题，更多的缘由是其品质恶劣。应该承认，清朝统治新疆初期，还是比较注意整肃吏治的，乾隆帝就下令将开炮轰击乌什城的卞塔海等以骚扰罪在军前正法。但自乾隆后期吏治已不清明，嘉庆、道光年间更是每况愈下。当时新疆的大臣一律由满员充任，随着八旗腐化，这些满员的腐败已到了极严重的程度，如那彦成指出，"大臣又伪手阿奇木伯克厚敛于民"②。官吏如此腐败，民众当然"睄睄伊视"，政局也难保稳定。建省后，新疆不再是荒淫无度的满员一统天下，官员素质有所提高，对新疆政局的稳定亦有积极的影响。

---

① 《瓦里汉诺夫选集》，阿拉木图 1958 年俄文版，第 531 页。
② 《左文襄公奏议》卷 77。

（六）历史的启示

历史是过去的现实，现实是历史的继承和发展，今天回顾这一段历史，值得今人总结的历史经验很多，试举要者略述。

1. 发展经济、维护统一、保持稳定的宗旨仍是今天的首要任务

清政府治理的新疆和中华人民共和国治理下的新疆维吾尔自治区，从政权性质上说发生了根本变化。今天各族人民成了国家的主人，成了真正主宰历史的主人。同时，清朝时期影响新疆稳定的两大因素也发生了历史性变化，和卓早已成了历史陈迹，外国势力入侵的现实威胁也已为和平的周边环境所替代。但发展社会经济、维护国家统一、增强民族团结、保持社会稳定，仍是中华人民共和国政府治理新疆的根本任务。对这变与不变的历史与现实，我们应有清醒的认识。

2. 正确处理边疆地区稳定与发展的辩证关系

这里说的稳定是指社会稳定，这里说的发展是指经济发展。社会稳定有赖于经济发展，经济发展又必须有社会稳定做保证。以发展求稳定，以稳定保发展。两者是相辅相成，互相促进、互相补充的辩证关系。经济发展、人民负担减轻，有利于社会稳定，清朝新疆历史的进程已证明了这一真理，历史经验值得重视。

当然，以发展求稳定，并不等于说新疆地区经济发展了，就一定会安定。发展只是边疆地区稳定必要条件，不是充分条件，或是唯一条件。边疆地区经济、文化发展还需要与相应的控制手段相结合，才能得到真正的稳定与安宁。所以不能简单地把边疆的发展与边疆的稳定等同，尤其是随着边疆的发展，边疆分裂势力的能量也有可能得到强化。因此，越是在边疆地区发展变化时期，越有必要加强中央在边疆的权威和影响。

3. 统一与分裂是新疆政治斗争的焦点，对此要有清醒的认识

新疆是多民族聚居地区，清朝统治新疆时期的动乱往往带有浓厚的民族色彩；宗教，特别是伊斯兰教在新疆有着广泛影响，清朝统治新疆时期许多动乱常有浓厚的宗教色彩。但是，我们并不能因此认为，清朝统治新疆时期的变乱是民族斗争，或者如有的论者把它们称为"伊斯兰圣战"。如上所述，1765 年乌什起义和 1864 年农民大起义是当时阶级矛盾激化的结果，性质是反封建。和卓作乱一度确实裹胁了大批当地民众，但张格尔

的行径既背叛祖国又背叛民族，很快就失去了民众。当长龄再次平息浩罕勾结玉素甫和卓入侵骚扰进驻喀什噶尔城时，受到当地两万民众数十里夹道欢迎，长龄也为之动容。所以，实际上当时的动乱本质上并不是某一民族针对另一民族，和卓作乱本质上不是民族斗争，更不是什么"伊斯兰圣战"，对于动乱发动者来说，民族、宗教仅仅是煽动民众的工具、手段。从这一点看，历史与现实有相似之处。今天一些分裂分子，在民族的幌子下，打出"圣战"的旗帜，其实质是要搞分裂。抓住了当前斗争的实质，我们一方面要承认民族因素、宗教因素的实际存在，在涉及民族、宗教问题时要慎之又慎；另一方面在处理具体问题时，应强化统一多民族国家这一主题。切忌把具体问题与民族问题连在一起，应有什么问题就解决什么问题，是什么问题就按什么问题来解决。

4. 做好人的工作，尤其是下大力气抓吏治素质的提高

人，首先是指生活在新疆的广大各族人民群众。要做好人的工作，除了要发展生产，使广大人民群众的生活稳定并不断得到改善（不只是纵向比较，还必须注意横向比较）外，还必须注意处理好三个关系：一是，维吾尔族与自治地方人数占多数的汉族的关系；二是，维吾尔族与自治地方其他民族的关系；三是，自治地方各民族之间的关系。

新中国成立后，我们一贯提倡既反对大汉族主义，也反对地方民族主义，在实践中有成效，也有失误。从当前实际看，我认为，鉴于20世纪70年代后期以来，民族意识明显高涨，其消极性、破坏性日益突出。祖国的统一与分裂正成为今天政治斗争的焦点。因此，我们工作的重点，应淡化民族色彩，强化国家意识，强调不论哪一个民族，首先都是中华人民共和国公民这一基本点。

历史上官吏素质的高低，今天干部群体素质的高低，是稳定新疆、发展新疆最重要的因素之一。今天新疆的干部实际上是中华人民共和国政府派驻新疆的边疆大吏和各级官员，他们的勤政、廉政，他们政绩的得失直接影响中华人民共和国对新疆的治理，也与中华人民共和国的统一休戚相关，可谓责之大矣！

在这一大批干部群体中，少数民族干部的培养除了工作能力外，对共产主义的信仰和对中华人民共和国的忠诚应是第一位的。同时我们也不应

忽视，要下大力气培养一批安心扎根新疆工作的汉族和其他民族的干部群体，要从巩固祖国统一的战略高度来认识汉族干部的特殊作用，对他们要善待、厚养，唯此才能有魄力和决心来解除他们的各种后顾之忧，使他们与少数民族干部一样成为一支维护祖国统一、地区稳定、民族团结的中坚力量。

（本文首发于马大正《西出阳关觅知音——新疆研究十四讲》，上海辞书出版社 2013 年版）

当代新疆治理研究

一 新疆治理在治疆大战略中具有统领全局的地位

新疆治理是新疆所有问题中的重中之重，具有统领全局的地位。

新疆治理实际之意是治理新疆，新疆作为中华人民共和国的一个省区，治理新疆当然是国家对新疆的治理。因此，治理的根本目标是捍卫主权，维护稳定，促进发展。

党的十八届三中全会公报指出："全面深化改革的总目标是完善和发展中国特色社会主义制度，推进国家治理体系和治理能力现代化。"国家治理体系和治理能力是一个有机整体，相辅相成，有了科学的国家治理体系，才能孕育高水平的治理能力，不断提高国家治理能力才能充分发挥国家治理体系的效能。管理与治理虽非截然对立，但在主体、权源、运作等方面存有显著区别：管理的主体只是政府，而治理的主体还包括社会组织乃至个人；治理权中有相当一部分由人民直接行使，这便是不同管理权源自权力机关授权的自治、共治；在运作上，管理的运作模式是单向的、强制的、刚性的，而治理的运作模式是复合的、合作的、包容的，治理行为的合理性受到更多重视，其有效性大大增加。[①]

对治理内涵的深层解读，将有助于对新疆治理理论和实践的构建和运作。新疆治理是我们一切工作的出发点和归宿点，是新疆工作中带有统领性的工作。

---

① 江必新：《推进国家治理体系和治理能力现代化》，《光明日报》2013 年 11 月 15 日第 1、2 版。

我们还应放眼构建中长期治疆的战略规划。所谓中长期我将其定位于：一是 5 年至 10 年，或者更长一些时间；二是不能局限于新疆一地一时，而是立足于国家，要倾全国之力来实施。新疆敌情严峻、社情复杂现状的形成，可谓"冰冻三尺，非一日之寒"，是国内、国外多种因素影响，敌我矛盾与人民内部矛盾交织且相互转化所致，故绝非一时之功能达到收效目的。治理者也好，研究者也好，面对敌对势力的猖狂，要静下心、沉住气，力戒急躁，立足打一场治疆的持久战。

科学的治疆中长期战略规划应尽早论证，早出台比晚出台好！

二 长治久安和可持续发展是新疆治理的两大战略任务

长治久安和可持续发展是新疆治理的两大战略任务，也是强化新疆治理的两大切入口。

（一）关于长治久安

为实现长治久安的战略任务，总的原则是：以法维稳，全民反恐。

1. 以法维稳，如下五端尚有强化之必要

一是对暴恐分子绝不施仁政，对暴恐活动保持高压态势，形成强大威慑。

二是维稳不仅要有重点地区，还应无"死角"，强化戒备，增强防范能力。

三是对一线执法者要给以更多、更实的理解、信任和支持，要培训他们（包括公安武警、协警、城管、社区工作者）反恐、防恐的实战能力。

四是面对暴恐势力将暴恐"祸水"东移、内移的图谋，反恐已不仅仅是新疆一地之事，特别在内地大城市，在首都北京要大大加强防恐、反恐的应对。

五是完善地方与兵团在反暴力、反分裂斗争中的联动机制，发挥兵团在维稳工作中的重要作用。

2. 全民反恐，以下三端应引起重视

一是树立全民反恐的理念，将在新疆营造一个打击恐怖、反对分裂的社会大氛围，确定为当前和今后一段时间内新疆反恐斗争重要目标之一，也就是在新疆乃至全国要造就对暴恐分子人人喊打、无处藏身的社会大环境。

二是要正确界定全民反恐中"全民"的内涵。维吾尔民众是暴恐活动的直接受害者，是全民反恐的重要组成部分，要动员和组织各阶层维吾尔民众参与这场关系新疆未来的反恐斗争。

三是完善群体面对暴恐活动的自救能力和心理承受能力，要充分揭露暴恐分子的残暴行径，尤其要总结各民族联动制暴的经验，将其视为当前维护新疆民族团结的真正原动力。恐怖活动的游动性和传染性，加之当前新疆维稳基础尚较脆弱的现状，某个地方、某个时间突发暴恐事件，实也难以避免，社会各界对此应有以平常心态待之，不应一味抱怨、责难，要理解战斗在新疆反恐第一线的各级干部和各族群众的难处与不易，要给他们以更多的支持与鼓励。

（二）关于可持续发展

新疆反分裂、反恐斗争是一个综合性工程，而加快发展、改善民生是全部工作的基础。新疆在我国仍属欠发达地区，尤其是南疆的和田、喀什、克孜勒苏柯尔克孜自治州、阿克苏四地州，既是全疆贫困人口最多的地区，又是全疆，乃至全国维吾尔族人口比重最高的地区，这种历史上形成的贫困地区和民族聚居区重叠格局，经济发展滞后和文化的差异使分裂势力、暴恐势力在这里比较容易找到藏身之处。

对发展如下五端决策者和管理者应有清晰认识。

1. 正确界定"发展"的内涵和外延

发展的内涵包括了经济的发展、文化的发展、人员素质的提高，它的含义应是社会的整体发展。如果我们把"发展"简单地看成经济发展，那是非常不全面的。所以对发展的内涵和外延必须有一个科学的认识。因为既有经济的发展、文化的发展，也有人的素质的提高，最后归结为社会的总体发展，这样的发展才有可能是可持续的发展，才有可能使发展的成果造福于各族人民，有利于国家的统一、边疆的稳定。

2. 要认真总结"援藏"工作中所谓"输血"和"造血"关系的经验

发展不单是给钱，当然没有钱不行，但是只有钱也不行。"输血"是临时性的，"造血"才是决定性的。

3. 制定经济发展战略规划，必须考虑地区特点

要坚持实事求是，不能生搬硬套，不能行政命令，必须把"我让你做"变成"老百姓愿意做"，要激发群众改变自己命运、建设和发展自己家园的主动性和积极性。吐鲁番地区、和田地区有关蔬菜大棚建设和推广红枣种植的成功经验应认真总结和推广。

4. 抓民生、对口援疆

抓民生应该是作为发展工作的切入点。但是抓民生到底抓什么？我觉得应该慎重考虑。帮助当地老百姓盖学校、盖医院等当然是不可少的，大规模改造民居，让老百姓的住房条件有明显的改善，这个思路也无可厚非。但更重要的是，让老百姓先富起来，让他们的口袋先鼓起来。

对于广大干部来说，新疆地区工资标准低的状况应该有所改变。20多年积累的问题，当然不可能在一两年内翻番，但是必须要让我们的干部实实在在感觉到，这个问题国家尽力在解决。按照我个人的想法，应该是在几年之内，让大家每年都有这个感觉，这也是实实在在地抓民生。抓民生是个切入点，在抓民生的过程中，要改善我们干部的待遇。当然要实事求是，比如做不到的事情、漫天的无条件承诺，最后做不到负面影响就不可避免了。现在对口援疆的力度是相当大的，能不能在相当大的对口支援资金中，把改善干部的工资问题放在相对重要的位置来考虑，这也是决策者面临的一个非常严峻的考验。长线投入和短线投入的关系比例如果没有合适的度，特别是在欠账多年的情况下，应该要转变投入，要让老百姓实实在在地感到实惠，至少在这段时间倾斜的力度应该更大一些。

抓民生也好，对口支援也好，要克服施恩的想法。这种思想在公开场合谁都不会承认，但是这种思想在我们中国两千年封建社会的传统中，影响力很强，这个习惯思维是很顽固的。如果我们在思想上没有一个很好的把握，就可能在工作中发生误差，效果也会大受影响。我们应该把施恩变为服务，变为拥抱！

总而言之，发展应是整体发展，发展经济有很多切入点，对口支援也是非常好的事，但是好事要有好的政策、好的举措，好事要能够去执行，要不然把好事办成不好的事，甚至办成坏事，就得不偿失了。好事办成坏事，在新疆不是没有先例，本意是好的，最后办得谁都不满意。

5. 要处理好发展与稳定的辩证关系

从 20 世纪 90 年代以后，我们总说发展和稳定的辩证关系。发展和稳定是相辅相成、互相制约、互相依存的，没有发展，稳定得不到保证，没有稳定更不能发展。那种认为只要发展，生活好了，社会就稳定了，民族就团结了，是片面的，"光抓经济不行，对于疆独思想的人，天天吃上手抓羊肉也照样搞分裂"，说得实在是切中要害。但是在我们实际的思想思维中，有相当一些决策部门的官员总是说，这段主要抓发展，那段主要抓稳定，把发展和稳定作为不同阶段区分标准。记得我在 2000 年的一次会上说过，如果把发展和稳定对立起来，或者说一个阶段是发展，一个阶段是稳定，首先这不符合实际，有这样想法的人没有辩证思想。但是个别的人所以这么提，我觉得应该从政治上好好考察一下，他到底想干什么，这不是危言耸听。发展和稳定是相辅相成，不是这个时期讲发展，那个时期讲稳定。

三 必须坚持实事求是的思想路线

中国边疆治理研究是中国边疆研究的重要领域，而新疆、西藏治理研究又是中国边疆治理研究的重要组成部分之一。

中国边疆治理的基本任务是守住一条线（边界线），管好一片地（边疆地区），而中国边疆治理研究的任务就是研究如何完成守住一条线，管好一片地的任务，其研究内容十分丰富，主要者，至少有边疆管理的行政体制、中央与边疆地方的管理机构设置与运作机制、边境管理、边防（国防）、周边外交，民族政策、宗教事务管理、经济开发、文化政策、历史的与现实的治边思想等。当代中国边疆地区，按地域区分有东北边疆（黑龙江、吉林、辽宁三省）、北部边疆（内蒙古自治区）、西北边疆（新疆维吾尔自治区、甘肃省）、西藏地区（西藏自治区）、西南边疆（云南省，广西壮族自治区）、海疆。每一个边疆地区既有统一多民族中国与多元一体中华民族前提下的共性，也各具历史的、现实的特点，因此，边疆治理政策要从边疆地区的特点出发，因地制宜。

边疆地区，特别在一些与中原地区文化有较大差异的边疆地区，实际上存在着以下四个特征：

一是地缘政治方面带有孤悬外逸的特征；

二是社会历史方面带有离合漂动的特征；

三是现实发展方面带有积滞成疾的特征；

四是文化心理方面带有多重取向的特征。

这些特征的存在，对国家的向心力、民族凝聚力，具有消极影响，历史上如此，现实生活也是如此。

开展当代边疆治理研究时，对上述四方面的客观存在应予以特别重视。唯有如此，我们的研究才有可能有的放矢。

我们对新疆反分裂斗争、反恐斗争的观察与研究，总结了反对分裂、打击恐怖、维护稳定的六点战略共识，简言之：

一是分裂是新疆的主要危险，暴力恐怖活动日益成为分裂势力主要破坏形式，新疆地区反分裂斗争将是长期的、复杂的、尖锐的；

二是维护新疆稳定是一项社会系统工程，"求因治本"，应在下大力气进行敌情和社情调研基础上寻求治本之策，把争取民心、团结各族群众大多数作为治本之策的根本，对敌人打击，对人民教育，两手都要抓，两手都要硬，才能使我们在反分裂斗争中立于不败之地；

三是发展新疆经济改善各族人民生活是第一位工作，是硬道理。在西部大开发的大好形势下，及时调整新疆经济发展战略，以及"得民心工程"的出台，都可视为这方面努力的有益尝试；

四是从稳定和发展新疆全局出发壮大兵团、发展兵团战略决策的出台，兵团改师建市的步伐有了实质性进展；

五是干部问题是新疆发展和稳定诸多问题中的重中之重。如何发挥新疆汉族干部的作用，进一步加强少数民族干部的培养和选拔成为当务之急；

六是牢固树立"是什么问题，就作为什么问题来处理"的观念，过去分裂势力一闹，就笼统地归入民族问题、宗教问题，自缚手脚，按法律该抓的不抓，该判的不判，现在，精神枷锁解除了，敢于正视问题，才能解决问题。

上述战略共识的取得应视之为反暴力恐怖斗争取得的最大的成绩，精神变物质，其直接结果是，遏制了恐怖势力作案的机遇，有力地打击了恐怖势力的疯狂气焰。当前虽尚无法杜绝恐怖势力作案的可能，但有能力将恐怖势力破坏活动造成的损失控制在最低水平上，从而保证新疆全局的稳定。

在完成的《西藏反分裂斗争研究》中，也总结了西藏反分裂斗争的八点战略共识，简言之：

一是发展和稳定仍是新世纪西藏面临的重大历史任务；

二是分裂是西藏的主要危险；

三是维护西藏稳定是一项社会系统工程；

四是加强中央政府的权威，完善民族区域自治制度；

五是强化宗教事务管理；

六是干部问题是西藏发展和稳定诸多问题中的重中之重；

七是对民族传统文化和特点，要取其精华，弃其糟粕，并且应当不断创新；

八是要以史为鉴，总结经验，科学决策。

对新疆和西藏反分裂斗争经验的总结，归之为一点就是从新疆和西藏反分裂斗争实际出发，冲破民族与宗教的迷雾，抓住问题的本质所在。在西藏，结合西藏反分裂斗争实际，在强化宗教事务管理工作方面敢于出重拳，一手抓寺庙整顿，一手抓活佛转世，坚决反对达赖集团利用活佛转世破坏国家的宗教信仰自由政策，搞乱宗教秩序，分裂僧尼队伍，危害国家利益，达到以控制活佛而控制寺庙和地区的阴谋。

斗争实践已证明，中央决策的正确最根本的一条即是坚持了实事求是的思想路线，由此取得了 20 世纪新疆和西藏反分裂斗争的决定性胜利，保证了国家全局的稳定，同样，也是 20 世纪主政新疆、西藏的决策者取得的值得大书特书的历史功绩根本原因之所在。

从实事求是的思想路线出发，以下四点从战略高度对当代新疆治理的思考，似也应予以特别的关注：

一是新疆的事小事也是大事，这是由于新疆特殊的战略地位决定的。新疆就是特殊，和内地省区不一样，所以我们要办好新疆的事必须做到两个重视，这就是既要中央重视，也要地方重视，缺一不可。

二是发展和稳定，这是一个相辅相成相互促进、缺一不可的辩证关系。做好的话就是相互促进，做不好的话就是相互促退，离开发展，就无法稳定，没有稳定，何谈发展，这两者就是这么一种辩证关系，不是发展是发展，稳定是稳定，而是相伴于始终；也不是哪个阶段是发展压倒一切，哪个阶段是稳定压倒一切。

三是发展与稳定是一项社会系统工程，特别是我们谈到发展的时候，千万不要简单地把它理解成发展生产、发展经济，发展包括了社会整体的发展，既有经济发展，也有文化发展，包括人们教育、素质的提高，是社会系统工程，在谈发展的时候，不要仅仅局限于单纯经济发展，经济发展是多种因素的一个组成部分，当然没有经济的发展是不成的。

四是当前我们研究新疆经济发展战略的时候，抓住支柱产业的资源，就是找到了一个非常好的切入点。我们在确定新疆经济发展战略时，要注意两点，第一，资源优势是不是具备，如果没有资源优势，何谈支柱产业；第二，是否有市场的需求，既有国内的，也有国外的，我们从新疆地区反分裂斗争全过程出发围绕发展这个主题，对新疆支柱产业的选择以及对这些支柱产业的政策，有一些是自治区通过努力自己可以做到的，有些是国家应给予倾斜的，新疆的事小事也是大事，况且支柱产业更需要关心，我想今后这也是我们研究的一个很好的思路，是一个很好的深化研究的方向。

四　民族理论研究要与时俱进、不断创新

中华人民共和国成立以来，我国的民族理论研究取得了突破性进展，大大丰富了马克思主义民族理论的内容；我国的民族工作取得了辉煌成就，为巩固发展多民族中国做出了无与伦比的贡献。

但时代在发展，社会在进步，层出不穷的新事物、新问题，不断对理论研究提出新问题，寻求新思路，本文仅从我们认为亟待深化研究的新问题，从学者研究的角度提出些许粗浅认识。

（一）关于民族平等和民族成员平等

世界上任何一个民族都是由个人组成的，个人是民族这一群体的基本单元。作为群体，民族与民族之间存在着巨大的差别，表现在人口规模、分布地域、经济发展水平、文化类型、宗教信仰、生活习俗、历史传统、心理特征等多个方面。不同的民族在其居住地的社会生活中所发挥的作用也往往有差异，甚至社会地位也不相同。

民族之间是有各方面的差异的，有些差异还非常大。历史经验也证明，有些差别至少在今后相当长的一段时期内不可能消除（如经济发展水平、文化类型等），有些差别则还会扩大（如人口规模等）。当这些民族进入同一个社会时，具有什么政治权利就成了它们共同面对的问题。在这一点上，不同国家的做法是有很大差别的。不少国家在法律上没有对一个民族应有什么权利做出规定，如美国宪法就是这样。而我国宪法则不同，宪法第 4 条：

"中华人民共和国各民族一律平等。国家保障各少数民族的合法权利和利益，维护和发展各民族的平等团结互助关系。禁止对任何民族的歧视和压迫，禁止破坏民族团结和制造民族分裂的行为。"

"国家根据各少数民族的特点和需要，帮助各少数民族地区加速经济和文化的发展。"

"各少数民族聚居的地方实行区域自治，设立自治机关，行使自治权。各民族自治地方都是中华人民共和国不可分离的部分。"

"各民族都有使用和发展自己的语言文字的自由，都有保持或者改革自己的风俗习惯的自由。"

可以看出，我国宪法赋予每一个少数民族的权利（自由）有三个，即区域自治、使用和发展语言文字、保持或改革风俗习惯。三者之中，自治权属于政治权利，而语言和风俗就不能归于政治权利了，换一句话说，宪法赋予少数民族的政治权利只有一项，也就是自治权。我国宪法第二章（第 33 条至 56 条）"公民的基本权利和义务"，所规定的是个人权利，与民族群体无关。平等的最基本的内涵是政治权利的平等，离开政治权利谈平等，显然没有任何意义。

我们再将问题引申一步。根据人类学的研究，全世界各民族的人都是由各种族的人组成的。从人的自然特征看，不同种族的人之间没有本质的差异，特别是在智能和体能方面可以说没有差异。这里我们更强调智能的无差别。这就是全世界所有国家无一例外地规定公民个人权利平等的基础。无差别的个人拥有无差别的权利，这是公正平等的原则。前面已说过，民族之间是有很大差别的，因而不宜在其之间强调或强化平等的意识或观念。法律规定各民族一律平等是对的，但更应强调的民族成员之间的平等，亦即个人之间的平等。在我们的宣传和其他工作中，至今是把重点放在前者的，应该改变这种做法，把重点转到后者。这不是一个简单的策略，而是有重要战略意义的措施。

（二）关于民族区域自治和民族共治

在建立民族国家和民族认同的过程中，一些民族根据现实可能和利益的考虑，没有要求建立自己的国家，它们或是仅争取和保持本民族文化存在的权利，或是要求在国家的某一地区实行自治或高度自治。目前，全世界实行民族区域自治的多民族国家并不多，重要国家中大约只有俄罗斯和中国。但是必须看到，俄罗斯是以民族区域自治为基础的联邦国家解体后的一部分，而中国的民族区域自治又基本上是从苏联学来的，由此考虑，对苏联的民族区域自治制度或联邦制做一些反思是完全有必要的。

苏联是世界上第一个以民族区域自治为基础的联邦制国家。十月革命前，列宁曾根据马克思主义国家理论的原则坚决反对在社会主义多民族国家实行联邦制。但是，二月革命后，原沙皇领土范围内出现了一系列独立国家，在这种情况下，为了团结、争取各民族参加无产阶级革命并取得全沙俄范围内的胜利，列宁及时调整了政策，用联邦制国家的形式来扩大无产阶级革命的成果。也就是说，当时的客观形势迫使俄共（布）实行了以民族区域自治为基础的联邦制，但这有悖于马克思主义国家理论的原则。苏联解体的历史事实说明，以民族区域自治为基础的联邦制并不能从根本上维护多民族国家的统一。那么，自然要提出的问题就是，我们在中华人民共和国成立之前就匆忙开始实行民族区域自治，究竟是客观形势的要求，还是一种教条主义的模仿，抑或是脱离实际的尝试？

再看看另一个历史事实。苏联解体以后，各加盟共和国的继承国都对苏联解体进行了反思。从苏联联邦体制的实践它们认识到，联邦制、民族区域自治制度是不利于维护多民族国家统一的，因而它们都从法律制度等方面对联邦制和民族区域自治进行了限制和新的解释。例如，俄罗斯宪法中就没有民族区域自治的规定，甚至没有这一词汇，仅有地方自治的规定；同时，没有赋予自治地方脱离联邦的权利。另外，除了在宪法导言中简单地申明各民族平等和自决的原则而外，没有就一个民族有何权利做出任何规定。在中亚地区，保存了自治区域的国家有两个，即乌兹别克斯坦和塔吉克斯坦。乌兹别克斯坦保留了原先的卡拉卡尔帕克自治共和国，改名为卡拉卡尔帕克斯坦共和国，取消了"自治"两个字，宪法中虽然规定"卡拉卡尔帕克斯坦共和国有权根据卡拉卡尔帕克斯坦人民的全民公决退出乌兹别克斯坦共和国"，但同时"规定卡拉卡尔帕克斯坦共和国主权由乌兹别克斯坦共和国来保护"，卡拉卡尔帕克共和国宪法不得违背乌兹别克斯坦宪法，这就明确了卡拉卡尔帕克共和国的从属地位。实际上，与苏联时期相比，卡拉卡尔帕克的自治地位没有任何提高，反而下降了。塔吉克斯坦保留了原戈尔诺—巴达赫尚自治州。在宪法中，关于这个州的权利只有简单的叙述，即宪法第七章第 81、82、83 条。原文是"第七章戈尔诺—巴达赫尚自治州，第 81 条戈尔诺—巴达赫尚自治州为塔吉克斯坦共和国不可分割的组成部分。非经人民代表会议同意，禁止变动戈尔诺—巴达赫尚自治州边界，第 81 条来自戈尔诺—巴达赫尚自治州的人民代表根据法律规定的名额选出，不论其居民数量如何。第 83 条戈尔诺—巴达赫尚自治州在社会、经济、文化生活领域的职权和其他职权由宪法性法律规定"。可以看出，宪法没有赋予戈尔诺—巴达赫尚自治州很特殊的权利，从法律规定上看，巴达赫尚自治州是一个区域自治单位，而不是一个民族区域自治单位。在乌兹别克斯坦、塔吉克斯坦两国宪法中，与独联体其他国家宪法一样，除民族平等外，都没有对一个民族的权利做出任何规定。事实表明，苏联各加盟共和国的继承国尽管从联邦的解体获得了独立国家的地位，是联邦制的最大受益者，但除了俄罗斯而外，没有一个国家实行联邦制或提高民族区域自治。俄罗斯采取联邦制是迫不得已，是由于以前制度的政治惯性而不是客观需求。所有这些国家在宪法中都弱化了民族权利，而突出了公民的权利。

以上论述使我们提出另一个问题：以民族区域自治为基础的联邦制为什么不能维护多民族国家的统一？我们认为，根本原因在于法律对权利的认定上。苏联解体的主要原因之一，就是在法律上特殊化了群体并给予它特殊权利。宪法赋予联邦成员自由退出的权利，但没有规定成员在维护联盟方面的责任和义务，对退出也没有规定相应的法律程序，在所有联邦制国家中，只有苏联法律有这样的内容。实际上，这样的法律不能在最终环节上维护联邦，不能维护国家的统一。联盟成员可以轻而易举地凭一纸声明合法地宣布联盟解体，这就是我们看到的事实。

在实行民族区域自治的国家里，必须处理好民族区域自治的要求和国家目的的关系。一般来说，提出民族区域自治要求的是少数民族，其人口数量较少且相对集中居住于某一地域。民族区域自治的要求和其他社会要求一样，是一个变化的目标，政府应该了解其变化的条件和内容，这是问题的一方面；另一方面，国家实行民族区域自治的目的从浅层次讲是满足少数人的要求，而深层次的最终目的，则是较快地消除区域社会发展差别，使少数民族成员在各方面具有平等参与国家管理和发展的能力，也就是共治的能力。显然，如果区域要求和国家目的不协调，就会出现严重问题。国家必须从法律、政策、条件等多方面保证国家目的的实现。必须明确，自治是国家目标下的自治。法律授予自治权的同时，也必须规定相应的责任。

民族区域自治政策的终极目的是具有战略意义的重大问题。民族区域自治有两重含义，即区域的和民族的，而从目前的情况来看，一些人对于民族区域自治的理解就是民族自治，他们理解新疆维吾尔自治区就是维吾尔一个主要民族的自治。基于这种理解，在民族区域发展问题上，就会片面突出本民族的愿望和需要，忽视或否定区域发展的客观标准；同时，对公民的各种法律权利、对相关的政策做片面的解释或执行，甚至狭隘地理解本民族的利益，并将其作为判断客观事物的标准。世界各国的经验告诉我们，自治行为很难清楚地限定，只能通过对自治终极目的正确理解和推行来防止自治走向分离的倾向。实行民族区域自治的目的是帮助落后的民族发展政治、经济和文化，使其在一定时间内达到或赶上相对发达的民族，消灭民族发展水平的差别，促进各民族共同繁荣、共同进步，直至整个国家的繁荣昌盛。在一定时期内强调尊重少数民族历史和特点的区域自治，不是要强化民族自治。民族区域自治政策的初衷已经十分鲜明地表明了民族区域自治政策的终极目的就是各民族在中华人民共和国的领土上达到共同治理，简言之就是"共治"。目前，有人提出把"民族区域自治"进一步过渡到"民族自治"的观点，我们认为是极其荒谬的。事实上，民族区域自治的终极目的不是"民族自治"，相反，我们认为并主张，"民族区域自治"的终极目的是"民族共治"。我们认为，经过中华人民共和国成立后几十年的社会主义建设，各民族不管是在物质文化还是在精神文化上已基本达到了可以共同进步的程度，但迄今为止，无论在理论上还是在实践中，我们对民族区域自治的终极目的工作还做得很少，从而在一定程度上加强了某些民族的"自治"意识。应该强调，民族自治区域社会发展的标准是区域的，而非民族的；是客观的，而非主观意识的。

（三）关于少数民族先进文化建设

在多民族国家，国家治理的最高原则是政治统一、文化共存。民族区域自治制度的种种类型都表明，自治的要求若主要体现在政治权力上，则很容易发展为无限制的权利而导向分离，从而破坏政治的统一，这是必须避免的。对一个民族的多数成员来说，文化和经济地位的平等是更重要的，共治完全可以保证这些权利，因此，共治的原则是一个更普遍的原则。我们今后工作的重点应从自治逐渐转向共治。

中华民族是一个大家庭，各民族都有自己的特色文化。他们之间不存在孰优孰劣，谁先进谁落后。但不同文化所承载的科学技术、意识形态等却有很大差异。无疑，汉文化在这方面具有明显优势。可以认为，少数民族地区先进文化应具有的主要特征之一，是它与汉文化有较多的交流，或较高程度地融合了汉文化。在文化建设上，与前述"民族共治"相适应，我们主张汉文化与少数民族文化的双赢，即共同繁荣。文化交流和融合的关键方面是汉文化，只有越来越多的汉族人学习和掌握了少数民族文化，才能把汉文化融入少数民族文化的发展过程之中，也才能进一步影响到少数民族的心理和思维方式。这里强调，在施行文化交流和融合的政策时，必须坚决反对大汉族主义。一方面，要尊重学习少数民族文化；另一方面，要认识到，汉文化自身的一些缺点是不利于交流和融合的，也需要改进。此外，要为汉族和少数民族成员之间的交流创造和提供更多更好的机会条件。

在社会主义新文化构建中必须明确：少数民族文化生存是民族生存的条件；少数民族文化不仅是一种具有世界观性质的社会意识形态，而且是一种特殊的社会文化现象。某些少数民族社会发展的困难和问题的重要表现之一是传统与现代精神之间的脱节和断裂；构建少数民族社会主义新文化的前提是两种文化的共处，在合流共存中孕育诞生社会主义新文化，既坚持先进文化方向，又尊重各民族的传统习俗和宗教信仰及文化特点，建立科学文明的思想观念和生活方式。根本途径是通过社会主义经济文化和科学事业的发展，通过物质文明和精神文明建设为新文化提供坚实基础，少数民族文化只有达到与社会主义新文化会通，并作为其有机构成来与社会主义文化交融契合，才能真正有效地显示其特色和贡献。

（四）西部大开发与民族关系的协调

据 2000 年人口普查统计数据计算，西部 12 省区（市）的少数民族总人口占全国少数民族总人口的 71% 还多，西部无疑是各民族社会生活发生直接关系的主要区域。对于西部来说，每个地区的民族关系有着其自身的结构性特征。西部大开发过程中，应充分考虑这些特征，从而使民族关系的调整更有效率。

矛盾是认识关系的重要视角。虽然各民族在根本利益上是一致的，但是在具体利益上又具有矛盾性。这些矛盾的解决在相当程度上会成为影响西部大开发战略的重要因素。

第一，利益矛盾。在西部大开发过程中，存在着整体与局部的利益之间矛盾、大团体与小团体之间的利益矛盾、长远与眼前之间的利益矛盾。比如，西部大开发战略从改善西部民族地区的基础设施、恶化的生态环境、文化教育状况、经济结构等方面入手，这符合西部发展乃至全国的整体利益，但是却有可能触动部分少数民族群众的眼前利益。此外，有些开发项目从长远利益上来说对这些少数民族群众有利，但是从眼前利益来说使他们受到一定的损失，同样可能酿成利益矛盾。寻求有效途径解决这类矛盾和冲突就显得越发重要。

第二，文化价值矛盾。不同的民族受传统文化影响，在现代化过程中与其他民族的文化在观念、行为等方面同样会产生矛盾。例如一山、一水、一片林，对不同民族有着不同的意义。对大多数接受了现代化观念的汉族来说，山、水、田不过是一种物质存在，是人们经济生活的依托，是一种自然资源。但是，对一些少数民族来说，某一座山则是其民族的神山，关系着整个民族的兴旺；某一片林地则是某个民族的神树，关系着这个民族的吉凶；某一方水域则是他们的龙脉，关涉他们的未来。因此，如果简单地将这一山、一水、一林简单地视为自然资源而强行开发，会对当地民族关系造成严重不良后果。民族传统文化的不同，必然会在价值观、经营方式等方面产生较大的差异。不考虑这些差异，而让这些地区生搬硬套其他地区"先进经验"，很可能会引起当地少数民族的反感，难以真正协调民族关系。

第三，社会交往中的矛盾。在西部大开发过程中，无论是少数民族走出去，还是将相关人才从发达地区请进来，都必然带来民族交往量的不断增加、层次的日益深入。由于不同民族成员在宗教信仰、生活习俗等方面的差异，日常生活中行为矛盾冲突将增加，在这一过程中，一些小群体甚至个体的行为失控都会对民族关系产生负面影响。

上述矛盾在现实社会生活中总是相互交织，处在转型中的社会，如何正确地处理这些矛盾，是保障西部大开发顺利进行的重要条件。因而，政府的行为对民族关系的协调发展具有重要影响。

第一，东西部地方政府是否进行了有效的合作对民族关系的协调有着重要的影响。西部大开发在某种程度上对西部来说是对内开放力度加大的一个良好契机。随着西部大开发的进行，一系列开发项目的实施，东西部之间的合作要求更加紧密。在此过程中，一方面东部在考虑经济效益的同时，不能忘记西部的民族特性和区域特性，真正做到互利互惠。对于西部来说，就要对东部更加开放，以创造良好的软环境。东西部干部之间是否建立了良好的合作关系对民族关系的影响显而易见，不同民族干部之间合作得好，对不同民族之间的关系就会产生积极影响，反之则会产生消极影响。

第二，政府能否为东部的企业参与西部大开发提供适宜的外部条件对民族关系的调节具有重要意义，目前东部企业，特别是中小企业能够参与西部开发的主要是那些加工性的企业，这些企业对资源的消耗以及对资源地环境的影响必然存在。因此，企业之间的合作关系、企业与政府的合作关系、企业与当地群众的合作关系非常重要。这就要求地方政府在合作中遵守相关的法律法规，使合作真正有效、有序，降低社会成本，同时地方政府应为东部企业进入提供有关民族文化差异的信息和服务，以便这些企业根据当地特点做出相应的调整。

第三，政府应通过详尽的法律规则规范利益分配行为，使利益分配更公平、公正，同时使各民族对西部大开发的利益期待建立在一个更实际的基础上。西部进行的开发中，有很多具体的利益，而这些利益并不是平均分配。有重点、分步骤然地推进西部大开发，会使得有些地区民族可能先得利，有些地区的有些民族可能后得利。各民族对自身利益有着强烈的意识，因此利益分配的公平性和公正性十分重要。应当建立协调的利益平衡机制，减少利益分配中的随意性，无论是东部还是西部，对西部大开发中所获利益的期待应有一个正确观念。

第四，西部民族地区各级地方政府能否及时地处理不同民族间交往中的摩擦也是一个关键。在一个人流和物流急剧增加的时代和地区，不同文化背景下生长起来的个体，在行为方式、思想观念等方面必然存在差异。这些差异也将导致人们在日常互动中产生某种程度的误解和冲突。有些冲突由于未能得到有效释放而演变成不同民族成员间行为上的冲突。这些冲突处理不及时，方法失当，可能会使冲突升级，酿成影响民族关系的事件。这就要求西部民族地区的政府依据相关法律和政策及时而灵活地解决出现的问题。解决问题的及时性和公正性在某种程度上决定着事件变化的方向和对民族关系的影响程度。

五 加大宗教的调适与改革力度

（一）宗教功能的两重性

宗教的功能是随着人类境况和经济社会发展而不断变化的。但不管怎么变化，宗教对信奉者来说都具有正负两个方面的功能，简言之：

一是宗教提供的支持和慰藉，有助于人们克服对未知的恐惧和对未来的焦虑。人们的"命运"充满诸多变数，有许多难以把握的偶然性和不确定性。面对恐惧和焦虑，对信仰者来说宗教提供了最可靠的支持和慰藉。甚至通过对来世的承诺，宗教为死亡这一最终的未知领域也提供了特定的安宁和希望。

二是宗教赋予信教者存在的意义和目的。信仰者可以超越日常生活，为不下地狱而升入天堂，信仰者会心甘情愿遵从"教条"来处理日常生活中的人和事，超凡脱俗成为一种道德感召和行为准则。

三是宗教可以提供更牢固的认同纽带和更强烈的族源意识。共同的宗教信仰培养了共同的宗教情感和价值观念，同时也塑造和巩固了民族共同体和族类归原。

四是宗教帮助信教者度过人生的不同阶段并缓解紧张，宗教会伴随人的一生，寄托希望，赋予力量。宗教主要的功能是社会动员和社会稳定，但这两者都极易走向反面。广泛的社会动员是社会变迁的积极推动力量，佛教在藏区的传播也在某些时期对藏族社会历史的几度变迁起积极作用，藏传佛教"后弘期"佛教的广泛传播，使当时处于四分五裂的藏族社会走向一定程度的统一，宗喀巴实行的宗教改革，也对藏区政教合一的政治体制的完善和巩固做出了积极贡献。但宗教的社会动员功能极易走向反面，历史上发生的无数的宗教战争等，都是打着宗教的旗号，使社会陷于动荡不安，甚至使社会发生倒退。

与社会动员紧密相关的是宗教的社会稳定功能。宗教所提供的社会规范、价值观念、道德准则以及对越轨者的惩戒和救赎，已经成为超越个人的集体意识和集体选择，在这个集体中，个人的选择空间极其狭小，除非采取集体动员和集体行动，否则这个社会是稳定的和超稳定的。正因为如此，稳定和停滞难以区分。宗教在本质上是保守的，藏族社会是超稳定的（几近于停滞）和"拒绝"变革的典型，虽历经政治变革和社会重建，但社会的组织基础和思想基础难以撼动，而这正是因为藏传佛教为此提供了强大的组织和思想资源，宗教深深地渗入藏族社会的每一个角落，若不进行宗教领域的改革，藏族社会变迁将会变得异常艰难。

（二）把握宗教调适的度

从哲学上讲，对宗教的好与坏无法做出价值判断。马克思说宗教是麻痹人民的鸦片，可能正因为宗教所具有的鸦片功能，宗教才得以长期存在，并将继续存在下去。鸦片是毒品，但也有药疗功能，宗教作为"鸦片"，同样也具有提供"镇静"、缓解痛苦的作用。

宗教调适，实质上就是宗教改革，宗教改革的方向应该是世俗化，宗教信仰应该成为个人的信仰而非集体的信仰。

宗教与社会调适的原则：宗教要顺应社会发展的需要，不断进行改革，宗教不能以任何理由和借口从事"反社会"的行为，不是社会适应宗教，而是宗教适应社会。

宗教组织只能从事纯宗教的活动，不能有自己的利益祈求和对信教群众的网络组织作用，更不允许家族世袭，把宗教信仰当成是封建特权。在一个现代文明国家，法律构建了完备的政权体系和法律许可的社会组织体系，如果容忍反组织的组织体系蔓延，将对社会稳定和政权巩固造成极大的威胁。

宗教的调适与改革直接目标是使宗教功能的积极方面充分发挥作用，在社会动员和社会稳定两方面服务于现实社会，宗教职业者在自己的岗位上为社会主义建设尽职尽力。但有一种情况应予以关注：政府支持宗教界上层人士调解各种纠纷，维护社会稳定，这在客观上也诱发了他们的权力意识和参政欲望，长此以往，后果可能是相反的。

（三）贯彻执行党的宗教政策要坚持的重要原则

1. 宗教的信仰自由原则

党的宗教信仰自由政策内涵十分丰富，必须全面正确地贯彻执行。在新疆，由于维吾尔、哈萨克等民族群体性信仰伊斯兰教，人们的宗教意识和宗教氛围比较浓厚，特别是近几年来宗教狂热不断升温，强迫他人信教的现象十分普遍，因此，在贯彻党的宗教信仰自由政策的过程中，必须特别强调和保护人们不信教自由的权利，坚决依法制止强迫他人信教的极端错误行为。

2. 独立自主自办教会的原则

《中华人民共和国宪法》规定："宗教团体和宗教事务不受外国势力的支配。"中华人民共和国成立后，我国的宗教已成为信教群众自办的事业，独立自主自办教会已成为中国各宗教团体共同遵循的一个原则。中国政府、中国的宗教团体不会干预外国的宗教事务，同时也绝不允许外国势力插手和干预我国的宗教团体和宗教事务。对外国敌对势力利用宗教对我进行的渗透和破坏活动，必须坚决抵制和打击。在新疆，要特别警惕国际伊斯兰极端势力的渗透和破坏活动，并给予坚决打击。

3. 政教分离原则

按照这一原则，任何宗教都没有超越国家宪法和法律的特权，都不允许以任何理由或借口干预行政、司法、教育等国家职能的实施。针对新疆长期以来存在的宗教干预行政、司法、教育、婚姻、计划生育，特别是私办经文学校问题，要特别强调和贯彻这一原则。按照这一原则，政府也不应干预宗教内部事务。必须明确，宗教活动场所（列为文物保护单位的除外）的维修是宗教的内部事务，政府不能也不应当干预或资助。

4. 权利与义务相统一原则

针对新疆的实际，要向广大信教群众大力宣传这项原则。国家赋予公民宗教信仰自由和开展正常宗教活动的权利，公民在行使宗教信仰自由权利的同时，就必须履行应尽的义务，实现权利与义务的统一。任何国家都不允许存在只享受权利而不尽义务的特殊公民。在我国，拥护中国共产党的领导和社会主义制度，是对每个中国公民的基本要求。任何人，不管信教还是不信教都是国家的公民，都必须把国家和人民的根本利益放在首位，都必须维护法律尊严，维护人民利益，维护民族团结，维护祖国统一。要求不受任何约束的"宗教自由"是不可能的，也不符合社会主义的民主与法治。宗教不能凌驾于国家法律之上，宗教活动是按照各宗教一定的仪规进行的，但当与国家法律相抵触时，就应当以法律为准绳，对宗教仪规进行必要的改革。任何人都不得利用宗教进行破坏社会秩序、损害公民身体健康、妨碍国家教育制度的活动，更不允许利用宗教反对党的领导和社会主义制度，破坏国家统一和各民族的团结。

（四）依法加强对宗教事务的管理

依法管理宗教事务是做好新时期新疆宗教工作的关键。宗教事务如果不能真正纳入法制的轨道，就难以全面正确地贯彻执行党的宗教信仰自由政策，更谈不上积极引导宗教与社会主义社会相适应。新疆在依法加强宗教事务管理方面取得了一定的成绩和经验。下一步的重点，一是尽快解决法律、法规的操作性问题，二是加强执法力度。

从近几年的实践来看，现有法律、法规操作性不强是新疆依法管理宗教事务的软肋、瓶颈。现有的法律、法规，包括国务院最近颁布的《宗教事务条例》，大都是一些原则性的规定，也就是说，只规定了禁止的行为，却没有规定对违犯这些规定的具体处罚措施，因此在实践中难以操作，致使这些法律、法规不能得到真正的实施。这个问题不解决，就会陷入"有法难依"的窘况，因此也就不可能真正实现宗教事务管理的规范化、法治化。

针对新疆依法管理宗教事务方面存在的问题，提出如下建议：

第一，依照国务院《宗教事务条例》，结合新疆宗教的实际，首先对《新疆维吾尔自治区宗教事务管理条例》进行修改、补充，并在此基础上尽快制定实施细则，或由高检、高法对条例做出司法解释。

第二，法律、法规是实现法治的基础，执法则是实现法治的关键。执法人的立场、观点及素质直接关系着法律的实施程度。因此，加强执法力度首先要求执法人必须坚决维护人民利益，维护法律尊严，维护民族团结，维护祖国统一，立场坚定、旗帜鲜明地反对分裂主义和宗教极端势力，秉公执法，不徇私情。在实施法律、法规过程中，必须做到执法必严、违法必究。为保证法律、法规的实施，应建立追究制度。对违法宗教活动频繁、屡禁不止的地方，要查明原因，如系执法人不执法或执法不严，要追究其责任。

第三，强化执法力度是十分必要的，但更重要的是尽可能地减少违法、犯法事件的出现。要做到这一点，必须加强宗教事务管理法律、法规的宣传教育。通过宣传和教育，使广大群众特别是信教群众不仅明白为什么要遵守宗教事务管理法律、法规，而且知道哪些宗教活动是合法的、可行的，哪些宗教活动是违法的、不可行的，从而提高他们遵守宗教事务管理法律、法规的自觉性，增强识别和抵制非法宗教活动的能力。建议借学习、贯彻国务院《宗教事务条例》之机，在全疆范围内开展一次关于宗教事务管理法律、法规的宣传教育活动。

六　促进文化认同与国家认同

（一）文化认同是国家认同的基础

文化具有超时空的稳定性和极强的凝聚力，一个民族的文化模式一旦形成，必然会持久地支配每个社会成员的思想和行为。在人类历史进程中，同一民族通常都具有共同的精神结构、价值系统、心理特征和行为模式，人们正是在这种共同的文化背景中获得了归属感和认同感。因此，文化认同始终是维系社会秩序的"黏合剂"，是培育社会成员国家统一意识的深层基础。国家安全统一固然取决于强大的政治、经济、军事实力，但文化认同却是物质力量无法替代的"软实力"，是一种更为基础性、稳定性、深层次的战略要素。文化认同对维护国家安全统一具有特殊的功能：

1. 标志民族特性，塑造认同心理

文化是一个民族和国家区别于其他民族和国家的基本特质和身份象征。在一定民族地域内形成和发展起来的共同文化传统，塑造了该民族成员的共同个性、行为模式、心理倾向和精神结构，并表现为一定的民族心理或我们通常所说的国民性。中华文化是中华民族身份认同的基本依据，"崇尚统一"是这个文化价值体系中最显著的特征之一。数千年来，国家统一一直被视为国家的最高政治目标和民族的最高利益，一切政治活动通常都以国家统一作为核心价值和行为准则。这种民族心理沉积于中国社会和价值系统的最深部，主导着中国的政治法律制度、经济生活方式和主流价值观念。中国历史上虽然有分有合，但不论是割据时期还是统一时期，中华民族都有一个共同的思想意识，这就是国家统一的意识。中华文化这种强烈的国家认同意识，为遏制分裂倾向、凝聚统一意志、消除政治歧见提供了最坚固的精神堤防。

2. 规范社会行为，培育统一意识

在社会通行的准则规范和行为模式中，通常总是潜隐着一整套价值观念体系，这一系统始终居于民族文化体系的核心部位，自觉或不自觉地支配着人们的思想和行为。每个民族成员都生活在特定的文化背景之中，世代相传地承受着同一文化传统，个人的价值观念就是在这种文化传统的耳濡目染中构建起来的。不仅如此，人们在文化的内化过程中，还会把民族共同的价值观转化为自己的内在信念，从而使个体在特定的民族文化传统中获得认同感和依赖感。"大一统"是中华文化的主流意识之一，是中华民族世代相承的基本社会理念和普遍的价值取向。正是这种追求统一的价值取向，使得中华民族的文化认同始终如一，从未导致过文明断层的历史悲剧。在中国历史进程中，统一的文化理念主导着统一的实践，"大一统"的政治实践反过来又强化着人们追求统一的信念，因此，历代统治者无不高度重视"大一统"政治秩序的巩固与维护，无不致力于探索天下分合聚散的规律与对策。在这种文化背景下，军事战略最重要的价值取向就是维护国家安全统一，文化认同不仅为维护国家安全统一提供了强有力的精神的支撑，而且为军事等物质力量发挥作用奠定了坚实平台。

3. 凝聚民族精神，强化统一意志

中华文化的价值意识具有强烈的感情色彩，内聚性、亲和性和排异性的特征十分明显。这一特性决定了每当国家存亡、民族兴衰的关键时刻，都能够激发民众强大的国家意识和民族精神。"天下兴亡，匹夫有责"，这正是中华民族大多数成员所认同的道德规范。民族精神是民族文化的精华，也是国家认同心理的深层源泉，爱国主义就是这一精神的集中反映。中国之所以历经治乱分合而始终以统一为主流，正是得益于以国家统一为核心价值追求的民族精神。数千年来，无论是高明的统治者，还是普通的老百姓，人们普遍认为唯有实现"大一统"，国家才能获得最大的安全，民族才能得到应有的尊严，天下才可能实现长治久安。正因为如此，中国历史上虽然多次出现过割据局面，但是在古代典籍中几乎找不到任何一个主张分裂分治的学派，反而都把"天下一统"作为政治斗争的原则与旨归。尤其是每次统一战争爆发之前，社会上总会出现一股势不可当的统一潮流，每当国家遭受外敌入侵的时刻，社会内部总会产生一种摒弃前嫌、同仇敌忾的强大意志。中华文化所拥有的这种统一意志，为维护国家统一奠定了坚忍无比的精神国防，离开了这种精神的支撑，政治、军事上的统一是难以持久的。

文化认同的上述功能，在由多民族构成的国家显得尤为重要。中国是一个多民族的大国，文化认同始终是政治家维护国家安全统一的战略主题。《周易》早就有"观乎人文以化成天下"的认知，南朝萧统提出过"文化内辑，武功外悠"的治国方略，龚自珍发出了"灭人之国者，必先去其史"的警告，都体现了中国政治注重"文化立国"的历史传统。正是这种以文化认同作为民族认同、国家认同和政治认同基础的价值取向，为中国数千年来的政治统一奠定了坚实的信念和基础。纵观历史，当统一达成共识然而阻力重重之时，文化认同的力量更能显示出"硬实力"不可替代的特殊作用。可以说，文化认同就是政治，文化认同就是国防，政治军事上的统一只有以文化认同为基础才能更加稳固与持久。

（二）中国要建设国家认同

1. 中国的国家认同仍然任重道远

如果说中国的现代国家建设是从孙中山先生领导的近代革命开始

的，迄今也有一个世纪之久了。但是很多事情表明，这项任务还远远没有完成。

国家的统一还是个长期艰苦的过程。即使是在很多人那里视为当然的国家认同，也存在着相当严重的问题。在香港，尽管回归已经有七年了，但国家认同感的培养还面临挑战。在台湾，问题更为严重。自李登辉以来，台湾当局一直试图把台湾从中国的版图正式分离出去。近年来，民进党当局为了达到正式"独立"的目标，大力推动"去中国化"的运动，企图从各个层面割断台湾和大陆的关系，为"独立"奠定一个文化心理基础。

国家认同是个近代概念，是近代民族主义发展的产物。自法国大革命以来的近代民族主义既是一种意识形态，更是一场基于这一意识形态之上的政治社会运动。近代民族主义最直接的政治产物就是民族国家。任何一个近代民族国家都包括两个重要方面，一方面是民族国家制度，另一方面是境内居民的国家认同。如果说，民族国家制度是民族国家的"硬件"，那么国家认同就是"软件"，这里国家认同也就是我们时常所说的爱国主义，即对民族国家的一种依恋式的情感。

不见得任何民族主义都会取得成功，就是说，即使存在着民族认同感，但也不见得任何民族认同感都能转化成为民族国家制度。但成功的民族主义最终表现为民族国家的建立。没有民族国家的制度基础，民族主义只能表现为一种情感。但另外，如果没有国家认同感，已经建立的民族国家就没有稳固的心理基础。所以，民族国家的制度基础和心理基础是相辅相成的。

中国尽管是个文明古国，但建立国家认同的过程并不比其他国家来得容易。自秦始皇以来的传统中国，国家表现为帝国体制。尽管具有当时世界上最完备的官僚体系，但这一官僚体系仅仅用来维持王朝的生存，国家权力渗透社会的能力极其低下。另外，老百姓则是"日出而作，日落而息"，形成了一种"帝力于我何有哉"的政治冷漠心态。也就是说，帝国之下，老百姓没有任何近代意义上的国家认同感。

这种情形和西方近代国家形成了鲜明的对照。西方一方面是国家权力深入社会的各个角落，另一方面是人民逐渐参与国家事务，成为国家政治过程的一部分。很多研究中国的外国学者在比较了中国和西方近代国家之后非常惊讶地发现，存在了数千年的皇朝体制竟然没有在老百姓中间培养出国家认同感。梁启超很早就认识到：传统上中国人没有国家认同感，老百姓认同的是皇帝个人，而非国家。梁启超甚至提出了"新民说"，认为要建立类似日本那样的近代国家，首先要培养"新民"。

2. 中国民族主义发展的四波浪潮

没有国家认同概念与中国传统的国际秩序观也有很大关系。民族国家最主要的一个特征就是主权和主权平等。国家认同是在民族国家互动中产生和强化的。也就是说，国家认同感就是一种与其他国家交往互动过程中的不同感。没有和其他国家的互动，这种不同感就很难得到强化。这个条件在传统中国也不存在。古代中国没有主权概念，更没有国家平等的概念，中国人认为自己就是世界的中心，和其他国家的关系一切以中国为中心来衡量，这明显表现在朝贡体系上。

中国的民族主义来自西方。开始时只是作为一种思想来介绍。当时，民族主义只是其中一种思潮，和其他思潮一同竞争对人们的吸引力。因为清皇朝在帝国主义面前不堪一击，各方面的先进人士力图使用各种主义来拯救国家。但历史选择了民族主义，原因很简单，当时中国最迫切的就是建立一个独立的民族国家。

从民族主义西来到今天，中国的民族主义已经经历了四波浪潮，人民的国家认同感随着这些浪潮而产生、发展、增强。这一过程也表明国家建设所面临的艰辛。

第一波民族主义从清末开始，到孙中山的民主革命达到高潮。这一波的主题是反对清王朝和帝国主义。中国的民族主义者开始追求能够吻合中国国情的民族国家体制。孙中山早期追求西方的国家体制，建立中华民国。但中央政权式微，军阀割据。在失败后，他转向了苏联模式来争取民族国家模式。

第二波产生和发展于抗日战争时期。日本帝国主义的入侵促成了国共两党合作抗日。无论是国民党还是共产党都走民族主义路线，动员民众抗日。中国社会第一次被政治力量全面动员起来抵抗侵略者。可以说，抗战期间政治动员对中国民族主义和国家认同的正面影响是史无前例的。但国民党和共产党的民族主义有不同的表现形式。国民党走的是精英路线，而共产党走的是群众路线。

第三波是中国共产党自下而上的国家建设。中国国家建设方式是革命方式的继续。用政治动员来进行国家建设的思想表现在毛泽东的诸多著作中，"人民"是毛泽东经济、政治、文化和艺术等方面论述的主题概念。在中国长达数千年的历史上，只有到了共产党时代，国家政权的力量才达到了中国社会的各个角落。我们在今天评价毛泽东用政治方法对国家进行重新打造的努力时，必须承认，毛泽东的"人民"论述对新型国家认同的塑造是不可低估的。

现在正处于第四波中间。这一波民族主义和全球化、市场化和国家的真正崛起相关联。经过百年之久的探索，中国人找到了如何富强的道路。以邓小平为核心的第二代领导人结束了中国与国际社会相对孤立的状态，强调和国际接轨。高速的经济发展和香港、澳门的回归给人民带来从来没有过的国家自豪感，国家认同也表现得极为强烈。同时，随着国家的崛起，中国的民族主义开始转型。如果说以前民族主义的主题是如何追求富强，那么现在则开始表现为如何在国际政治舞台上表达日益强盛的声音。

3. 国家认同受到地方主义和全球主义的两面夹击

以上的简单讨论并不表明，中国的国家建设是一帆风顺的。从中国的国家认同产生和发展所围绕着的两条主线来看，不仅可以看到这个痛苦的过程，也可体会到今天存在着的问题。

一条主线是内部的国家建设（national building）。在中国，国家建设的过程表现为人民认同从王朝转向国家，从地方政体（如军阀政权）到中央政权，从传统的"顺民"（政治冷漠）到今天的积极公民（具有政治参与意识）。所有这些转型都是通过长期的努力才达成的。直到今天，一些过程并没有完成。一方面，改革开放以来的分权导致了各种形式的地方主义。随着地方政权角色的增大，地方官员和居民的地方认同也有了发展。在这样的情况下，维护和巩固中央的权威就成为一个必须面对的问题。另一方面，全球化也对民族国家认同构成了很大的威胁。民族国家之间互相依赖，传统意义上的主权往往受到各种制约。可以说，地方主义和全球主义对既存的国家认同感构成了双面的夹击。

国家认同发展的另外一条主线就是外部帝国主义的影响。早期，帝国主义侵入中国的过程也就是民族主义在中国传播的过程。应当指出的是，随着近代化的进程，没有帝国主义在中国的扩张，中国也会产生近代民族主义，但帝国主义无疑加快了民族主义在中国的传播。同时不容否认的是，西方一些先进的思想和制度，也随着帝国主义的入侵而得以在中国传播。

在任何国家，国家认同的建设是一个长期艰苦的事业，中国也不例外。我们还是需要两方面努力。第一方面是体制上的。国家认同、国家制度的建设、国家制度与人民的相关性，这其中存在着很大关联。国家制度必须能够向人民提供各种形式的公共福利，使得人民在感受到国家权力存在的同时，获取国家政权所带来的利益。同时，人民参与国家政权的机制也必须加紧建设。如果人民不能成为国家政权或者政治过程的有机部分，人民的国家认同感就会缺少机制的保障。第二方面就是"软件"建设，即国家认同建设。没有一种强有力的国家认同感，中国就很难崛起。

应当指出的是，国家认同建设与民族主义相关，但它并不等于狭隘的民族主义。狭隘的民族主义反而会阻碍中国真正的崛起。中国是个多民族国家，民族的融合是个大趋势，容不得任何一个民族走狭隘民族主义路线。再者，在全球化的今天，各国的依赖性越来越大，狭隘的民族主义最终会是一条孤立路线，它已经被证明是失败的。

如何在推进全球化的同时来避免狭隘的民族主义？如何在加紧民族国家建设的同时迎合全球化的大趋势？如何在强调人民参与政治的同时维持中央政府的权威？这是中国在走向现代化过程中，必须认真对待的问题。

（三）新疆的可贵探索与实践

毛泽东早在1957年指出："国家的统一，人民的团结，国内各族的团结，这是我们的事业必定要胜利的基本保证。"48年后的今天，重温毛泽东的这一讲话，我们，特别是在新疆工作的同志，依然十分亲切。

新疆地处祖国大西北，在这片占国土面积六分之一的地域，生活着几十个民族的同胞，这里占人口多数的少数民族群众中广泛信仰伊斯兰教。新疆的长治久安，事关中华民族伟大复兴的宏伟目标的实现。可以说，在新疆这样一个民族宗教情势特别复杂的边疆地区，维护祖国统一、社会稳定和各族人民大团结，以实现我们的宏伟目标，需要高超的政治智慧，及时地总结经验教训和几代人的不懈努力实践。

最近的 20 多年，新疆经历了"三股势力"的严重挑战，今日之新疆，政局稳定，经济发展步入快车道，人民安居乐业。这些成绩的取得，归功于中央的英明领导，各族干部群众反分裂斗争的决心、信心和付出巨大牺牲的公安武警战士。除此之外，新疆在思想和意识形态领域实践中不断有所探索和发现，功不可没，值得认真总结。

1. 从"两个离不开"到"三个离不开"的教育

1976 年粉碎了"四人帮"反革命集团，接着召开的中国共产党十一届三中全会，揭开了中华人民共和国历史发展的新一幕：拨乱反正、落实政策、改革开放，这是一个令人激动和振奋的年代。与此同时，西方自由化思潮的侵入、中东"伊斯兰极端主义"的崛起和随着苏联解体而起的当代民族分裂主义浪潮涌来，对新疆的直接冲击就是分裂主义在新疆的复活，出现了一连串的政治动乱事件：1980 年，阿克苏"4·9"事件；1981 年，叶城"1·13"事件；1981 年，伽师"5·27"事件；1981 年，喀什"10·30"事件。

在一些地方一定程度地恶化了民族关系。此外，还有一些发生在民族间的斗殴、车祸一类的偶发事件，其中 1980 年发生的南疆的"高旭事件"①，就是这样的标志性恶性事件。南疆军区副政委乌拉太也夫在做"高旭事件"善后工作中，深为当时民族关系之紧张而忧虑，遂直接写信给邓小平，信中特别提到："搞好新疆工作要注意如下几种因素：少数民族劳动人民，汉族劳动人民，汉族干部，少数民族干部，忽视哪一个因素，都要犯错误。汉族和少数民族的关系是谁也离不开谁的关系，汉族离不开少数民族，少数民族也离不开汉族。"邓小平对这"两个离不开"的提法十分赞赏，认为："观点正确，很好，大家都这样想问题、处理问题

---

① 1980 年 8 月 2 日，解放军某汽车团六连在由阿里返叶城基地的昆仑山区，将维吾尔养路工人的家牛误以野牦牛猎杀。维吾尔工人得知后在 204 道班设障阻截，汽车团战士因语言不通，争执中以为遭遇土匪，战士高旭开枪误杀道班养路工阿皮孜，是为"高旭事件"。这一事件发生后，在叶城到喀什的维吾尔族和汉族群众中引起强烈反响。先是一些维吾尔族群众要抬尸到喀什游行；后是喀什汉族群众冲击军事法庭，并一度劫走高旭。

就好了。"1981 年 7 月中央书记处在讨论新疆问题时指出"新疆的汉族干部要确立这样一个正确观点，即离开了少数民族干部，新疆的各项工作搞不好；新疆的少数民族干部也要确立这样一个正确观点，即离开了汉族干部，新疆的工作也搞不好"。自治区从此开始了"两个离不开"的思想教育活动。

自 1982 年起，每年五月定为民族团结教育月，至今已进行了 22 个年头，"离不开"的思想教育贯穿于每年民族团结月活动之中，为和谐新疆的民族关系做出了巨大贡献。1991 年自治区党委第四次代表大会进一步提出"三个离不开"的教育，即汉族离不开少数民族，少数民族离不开汉族，各族人民谁也离不开谁。1998 年江泽民同志视察新疆时说："两个离不开"是基础，"三个离不开"是对"两个离不开"思想的发展与完善。"三个离不开"的思想教育活动是新疆各族人民和睦相处实践的总结，现已写入中宣部《"三个代表"重要思想学习纲要》，成为我国各族人民和睦相处的宝贵精神财富。

2. 从"三观"教育到"五观"教育的展开

进入 20 世纪 90 年代，在境外"三股势力"的推动下，新疆反分裂斗争进入以反对暴力恐怖为主要形式的新阶段。恐怖分子开始在新疆各地疯狂地进行爆炸、纵火、抢劫、暗杀等暴力恐怖活动。与此同时，他们还撰文、著书、吟诗，广为散布民族分裂、极端宗教思想。面对这一情况，1991 年第九次民族团结月中，自治区党委部署，结合批判露骨宣扬分裂思想的《维吾尔人》《匈奴简史》《维吾尔古代文学》三本书，在各族干部群众中进行马克思主义历史观、民族观、宗教观为内容的"三观"教育。

90 年代后半期，"原教旨主义"化和"恐怖主义"化的新疆民族分裂主义，以境外指挥、境内作战，将暴力恐怖活动推向高潮，严重破坏了新疆的社会稳定。1996 年党中央发出 7 号文件，指出："当前影响新疆稳定的主要危险是民族分裂主义和非法宗教活动。"1998 年江泽民同志视察新疆，指出：维护祖国统一，维护全国各民族的大团结，反对民族分裂主义，这是国家最高利益之所在，也是各族人民最高利益之所在。此时此刻，自治区党委坚决贯彻执行党中央的上述批示精神，一方面调集警力对"三股势力"的为首分子进行严厉打击，调集干部向社会动乱的重灾区派出工作队"集中整治";另一方面在 1998 年的民族团结月开始马克思主义"五观"教育,即马克思主义民族观、宗教观、历史观、文化观和国家观的教育,从而保证了我们在反对民族分裂主义斗争进入关键时刻掌握新疆社会稳定的主动权。

从 1991 年的"三观"教育发展到 1998 年的"五观"教育,反映了新疆反分裂斗争的深入过程,也标志着新疆各族人民在党中央和自治区党委的领导下,在意识形态领域反分裂斗争水平的提高。

3. 从"三个高度认同"的提出到认同理论的研究

进入 21 世纪,国际局势更加动荡,"9·11"后,恐怖与反恐的较量趋于白热化;中国新疆以西的阿富汗、伊拉克、巴勒斯坦、以色列、俄罗斯车臣、土耳其、西班牙、北非一带,中国新疆以南、东南的巴基斯坦、印度、印度尼西亚、菲律宾一线,恐怖爆炸此起彼伏,不绝于耳。而新疆作为我国反恐斗争的最前沿,虽仍面临实际威胁,但局势趋于平稳。在度过最危机时期后,新疆的同志不约而同地深思如何实现长治久安以维护巩固祖国统一。

新疆分裂主义搞了这么多年,其最重要的口号是:我们的国家是"东突厥斯坦",我们的民族是"突厥",我们的宗教是"伊斯兰"。为什么?因为它搞分裂遇到最大的障碍是,经过两千年的政治、经济、文化整合,新疆各族人民对中国、中华民族、中华文化的认同。它们提出这"三个我们的",就是企图从根本上破坏这"三个认同"。

理论研究表明,国家、民族、文化是三个相互联系的领域,也是国家社会构成的三个基本层次。

国家的统一取决于国民的凝聚力、向心力,归根到底取决于国民对国家的"高度认同"。或者说,没有国民对国家的认同,就没有国家的统一,也就没有国家立足于世界的基础。

国家的认同,从根本上体现在民族的认同,这里的"民族",不是单一族裔的"族群",而是整合于一体的国家民族,在中国就是中华民族。

再从深层次看,中华民族的认同,归根结底是 56 个民族(族群)对中华文化的认同。当然,从中国稳定社会主义建设高度出发,还应包括社会主义道路的高度认同。

目前认同的理论研究工作刚刚起步，也就是理论模式刚刚构筑，深入细化的工作还需理论工作者在实践中归纳总结。回顾 20 多年我们走过的历程，如果说"三个离不开"活动致力于杂居一地的不同族群感情上的融洽，如果说"五观"教育引导各族人民大团结的理性认识；那么，这种感情和理性的升华经过"高度认同"思想工程，将最终导入最深层次即心理上的认同，而不认异。如果进入这个境界，那还有什么国家分裂的问题，当然这样的工作，任重而道远。

七　打击恐怖主义与维护社会稳定

（一）恐怖主义对我国的现实威胁

亚洲是当代恐怖主义活跃的重点区域之一，中亚、西亚、南亚、东南亚各国都面临着恐怖主义的威胁，不可否认，恐怖主义对我国的威胁也是现实存在的。

由于国情的不同，中国诱发恐怖主义活动的因素相对较少，但不等于中国是一个"安全岛"。特别是以下问题，我国绝不可掉以轻心：

一是要特别注意与国际恐怖主义活动的"地缘联系带"，由于中亚处于国际恐怖主义活动的刀口浪尖，汇集了三股恶势力，我国西部边疆地区面临着前所未有的分裂主义和恐怖主义的渗透和冲击。

二是"东突"和"藏独"已成为我国最大的恐怖主义威胁，民族分裂活动、非法宗教活动与极端恐怖活动相联系的趋势将使我国边疆安全形势和社会治安面临严峻挑战。

三是我国正处于改革开放的关键时期，利益的再分配、贫富不均、失业问题，以及腐败现象等极易引发人们的不满情绪，也易被一些别有用心的人所利用，成为滋生恐怖主义的温床。

当今我国的恐怖活动主要有以下几种：

一是带有意识形态色彩的民族分裂分子和宗教极端势力进行的具有明显政治目的的恐怖活动。

二是以极端暴力手段进行的社会攻击性恐怖活动。

三是以个人利益为主要目的的恶性恐怖犯罪活动。

四是黑社会势力进行的恐怖活动。

很明显地，20 世纪 90 年代以来，我国最大的恐怖活动组织者和实施者是"东突"恐怖势力，恐怖活动的活跃地区是新疆。

（二）科学界定"恐怖主义"概念

当代恐怖主义，大体可以定义为是旨在制造恐怖气氛的、有政治目的的、针对非战斗目标（主要是平民目标）的非法暴力活动。恐怖主义的一个基本特征就是制造恐惧，打心理战，即主要以暴力（如爆炸、绑架、暗杀、劫机等）为手段，以传媒宣传为中介来制造恐惧气氛，对更为广泛的社会大众造成心理压力，使其产生恐惧，滋生不安全感。恐怖主义从形式上而言，是对具体目标（人、物）的暴力攻击。但其实质主要不在于消灭这些实际的具体目标，而是在于影响更为广泛的社会大众，影响社会的反应，或影响国家和政策，引起社会的广泛注意，即宣传性和宣扬性是恐怖主义的一个重要特征。从此意义上讲，恐怖主义是心理战，它以暴力为手段，以传媒宣传为中介制造恐怖气氛，严重损害社会的安全感，影响社会人心的稳定，从而达到恐怖分子期望达到的政治目的。

给恐怖主义下定义要避免对之做过于宽泛的解释，不要把它与其他政治暴力形式，如正规军队的武装斗争、游击战、群体闹事等混同；要把恐怖分子使用暴力对暴力行动对象实施恐吓这一点联系起来，从而把恐怖主义同那些与实施恐吓行为无关的暴力活动形式区分开来，对恐怖主义的主体和客体的范围要做科学界定；恐怖主义是一种社会政治现象，从本质上讲，恐怖主义属于政治极端主义之一种，在其中占有中心地位，但又不是其全部，与其他政治极端主义是有区别的。

对恐怖主义定义的科学界定至关重要，在反对"东突"恐怖势力斗争时，我们既要看到"东突"恐怖势力与新疆分裂势力之间的联系和在一定条件下转化的可能性，又要区分他们之间的差别，从而制定不同的法律和政策。

（三）借鉴国际上反恐斗争的经验教训

2004 年 10 月 14 日，新疆维吾尔自治区领导曾对《俄罗斯车臣反恐的经验教训》一文做重要批示："值得认真研究的问题，全国不言，新疆必须有相应措施，并真正落到实处。"

该文总结的七点经验教训，确实发人深省，简言之：

一是要建立精干内行的反恐队伍。

二是要对居民进行应对恐怖事件的教育和训练。

三是灾难性突发事件应及时报道，提供事实信息，以免失信于民和以讹传讹，但不要报道和猜测己方的行动策略和细节，以免被恐怖分子利用。

四是应十分警惕民族分裂主义，严防其拥有武装并发展成为武装叛乱，一旦出现武装叛乱的苗头应及早镇压，以免像车臣叛乱那样，发展到难以收拾和造成恶劣的国际影响的地步，一旦开始镇压，就应除恶务尽。

五是要警惕国外宗教势力插手，慎重对待宗教学校。

六是要警惕民族冲突和地方叛乱国际化，小心西方渔翁得利。

七是应争取国际舆论支持。

（四）构建完整的反恐怖法律体系

这方面俄国的经验值得重视。俄罗斯与反恐怖相关的法律法令已经构成一个比较完整的系统，其中包括：提供反恐怖法律依据，如宪法、俄联邦安全构想、安全法等；规范反恐怖主体的，如联邦安全局机构法，俄罗斯安全局条例，俄联邦内务部内卫军法、检察官法、警察法，以及相关的总统令和政府令；规范反恐怖过程的，如对外情报法、行动侦查法、紧急状态法，以及相关的总统令和政府令等；规范定罪量刑的，如刑法、刑事诉讼法；主体的，如专门的《反恐怖法》。

这里核心的是，要有一个专门的《反恐怖法》，不宜用刑法等法律代替专门的反恐怖法的功能。从国外的实践来看，在恐怖活动成为社会现象的初期，一般用刑法可以解决问题。当恐怖主义成为影响国家和社会安全的基本因素后，必须制定以专门的反恐怖法为核心的法律体系，为国家的反恐怖行动提供法律基础和依据。制定《反恐怖法》的目的，不是用它代替其他法律中的相关条款，而是用它把整个反恐怖法律系统牵引起来，把相互抵触的部分清除掉。同样，其他法律法规的制定、修改和完善，也不能取代《反恐怖法》的作用。

当前要全国人大制定一部《反恐怖法》也许时机尚未成熟，针对新疆的反恐斗争实际，制定一部地方性的反恐怖活动法规，应是必要的、适时的，也是可行的。其他诸如建立权威的跨部委的反恐协调机构，明确规定军队在反恐活动中的地位、作用及行动样式等问题，也应提上决策部门的议事日程。

总之，我国的《反恐怖法》应当包含有以下内容：恐怖与反恐怖的基本概念；反恐怖的法律依据；反恐怖的基本原则和目的；反恐怖的实施主体及其职权范围和关系协调；反恐怖作战的领导与指挥；反恐怖作战地区的法律秩序；反恐怖作战的宣传信息披露；与恐怖分子的谈判规则；参加反恐怖作战人员的法律保障和社会保障；恐怖活动造成的损害赔偿；反恐怖的国际协作。

八 出台加快发展新疆支柱产业的政策建议

（一）调整和完善我国能源战略布局，加快对新疆能源的开发力度

新疆油气资源丰富，开发利用前景无限，已受到各方面重视。但是，对新疆的煤炭仍重视不够。新疆的煤炭储量巨大，约占全国的40%。如何科学地利用好这种资源，确实是中国宏观经济战略的重大问题。把煤运到内地实在太远了不合算，只有通过煤变电、煤变油、煤变气、煤焦化，才能为东部地区以至全国利用起来。目前，除了在宁夏、内蒙古、陕北依托丰富的煤炭资源发电、制油、化工外，也应该在新疆开展类似建设。东部和中部的许多煤矿经过几十年开采已经进入后期，甚至枯竭，不能"有水快流"了。否则，枯竭的矿井更多，失业工人更多。到那时候，我国的煤炭主要集中在几个地方，尤其集中在新疆，能否生产出来是一回事，即使生产出来能否运出去又是一回事，是一个更严重的问题。鉴于这种情况，我们建议，东部和中部的煤矿要有计划地减产，拉长它们的生命周期，维持工人就业。而像新疆这样的地方应提早进行煤炭的大力开发，尽快在新疆建成中国最大的煤电基地、煤油基地和煤化基地。这样将使全国煤炭开发步入均衡式协调可持续发展的轨道，也有助于运力和生产力的合理布局，完全符合科学发展观中的东西部地区的统筹要求。

（二）尽快解决进出疆物资的运费问题，促进地区公平竞争

新疆地处祖国西北边陲，距国内大市场很远，运输成本很高，严重影响产品的竞争力，限制新疆支柱产业的发展。为了解决这个问题，根本的办法是加快修建兰新铁路和南疆铁路复线，铺设"西油东输"管道，以及建设兰新高速公路。解决运费过高问题可有两种方法：一种是铁道部取消或降低兰新铁路运费；另一种是通过财政转移支付弥补新疆货物在兰新线上的运费。由于铁路行业正在引入市场机制，各局实行单独核算，自负盈亏，所以，兰州铁路局很难接受上述第一种办法。目前看来比较可行的是第二种方法。新疆货物在兰新线上的运费，可以作为一个项目，列入国家对新疆的转移支付之内，由财政统一解决。至于新疆之内如何分摊，则按运输量多少而定。在市场竞争时代，不仅企业间要求公平竞争，地区间也应该公平竞争。解决新疆物资的运费过高问题，也正是出于地区间公平竞争的考虑。像新疆这样的问题在全国并不多，完全有条件解决。

（三）提高资源税的地方分成比例，促进地方经济发展

新疆的资源十分丰富，这就决定了资源税中地方的比例高低至关重要，影响巨大。按照我国制定的石油资源税标准，地方可以按照原油 8—30 元/吨、天然气 2—15 元/千立方米的标准获得补偿，现在全国基本上是按照原油 26 元/吨、天然气 10 元/千立方米来执行的。这些标准是在 20 世纪 90 年代根据当时的油气价格来制定的，标准规定的给地方的补偿明显过低。现在随着国际油气价格的上升，标准没有做调整。这不利于保护资源所在地的经济利益，还容易引发中央企业与地方经济的矛盾，建议国家调整资源的使用税标准。可以参照国际通行的资源税制定方法，根据国际油气价格，重新确定原油和天然气的资源使用税标准，并且建立起动态的调整机制，使得地方所得与中央企业的所得能按照油气价格变动，经常调整，或者按油价的一定比例提取资源补偿费，这个比例目前以 10%—15% 为宜。

（四）打破垄断，放开以石油天然气为重点的矿产资源开发权

目前新疆的油气矿产资源开发方面存在着高度垄断，不准地方进入，不准民营经济进入，也不准外资进入，这不利于调动各方面的积极性，不利于资源的开发和利用，不利于地方经济的发展。我们建议，打破垄断，允许新疆地方按一定比例参与石油与天然气的开发，或者参照黑龙江、陕西、山东等省的做法，将新疆部分已探明但近年内不动用的分散零星小块油气田划归地方，由地方政府的企业或这类企业与油田的非核心企业组成联合开发公司进行开发，达到油气资源共享。在煤炭以及其他矿产资源的

勘探、开发方面亦同样放开。这样，将大大调动地方的积极性，推动地方经济发展。

（五）充分利用新疆石油加工能力，提高经济效益

目前新疆石油的加工能力没有充分利用，有闲置，吃不饱，而有关方面却把新疆生产的石油大量运到兰州加工。兰州的加工成本并不低，且长途运输，又增加运输成本，很不合算。为了充分利用新疆石油的加工能力，建议将新疆产的石油、天然气尽量多地留在新疆，在满足新疆加工能力的前提下再往外多运。这样，在石油加工方面，将会更好地兼顾地方企业利益与中央企业利益，请有关方面倍加关注。

（六）科学合理地利用新疆土地资源

新疆地域辽阔，面积多达166万平方公里，占我国总面积的六分之一。目前已利用的土地不足总面积的10%，绝大部分在沉睡着。其中，地势平坦可利用的戈壁滩、荒滩、荒地占60%。如何开发、利用好新疆极其丰富的土地资源，是个非常重大的课题，很值得研究。有的同志提出，凡是利用戈壁滩、荒滩、荒地从事有益于新疆经济发展和生态环境改善而进行开发建设的，可以免交土地使用费。这个意见很好，我们同意，仅补充、修改最后几个字：可交象征性的土地使用费，以表明国家土地所有权的存在。

（七）实行地区津贴，吸引各方人才

人才缺乏是制约新疆支柱产业发展的关键所在。要实现"后来居上看新疆"的要求，首先人才要后来居上，劳动素质要后来居上。新疆在人才方面，如何培养好、引进好、使用好、留得好，要做许许多多的工作。我们仅建议一条，即实行较高的边远地区津贴。实行津贴后，新疆高级人才收入不仅不低于东部，还要稍高一点。补贴在疆有，离疆无。这样，会吸引东中部的中青年人才来新疆从事创业。如果地方财政无力承担这笔开支，可列作转移支付项目，请中央财政支持。

（八）尽快启动霍尔果斯口岸的中哈边境自由贸易区建设

霍尔果斯口岸的中哈边境自由贸易区的建设，不仅有利于消除中哈两国的关税与非关税壁垒，实现货物、资金和人才的双向流动，推动两国开放型经济发展，而且还在西部树立起一个开放的样板，吸引更多的中亚国

家甚至东欧国家关注我国，同我国开展经贸活动。这个典型样板的树立有巨大的国际意义，有如当年的深圳置于我国东南边陲一样，切不可小视。因此，我们建议，加快工作，尽早启动。

附记

本文系完成于 2007 年由我主持的同题名课题之报告的部分内容，为首次发表。

新疆生产建设兵团发展战略与新疆长治久安

一 新疆生产建设兵团创业历程

新疆生产建设兵团（以下简称兵团），是一支由经过二万五千里长征、延安保卫战、解放大西北的原中国人民解放军第一野战军第一兵团的第二军、第六军，原新疆三区革命的民族军和原陶峙岳将军率领的起义部队组成的，执行着国家赋予的屯垦戍边神圣使命，不穿军装、不拿军饷、永不复员的特殊部队。

兵团从1954年正式成立至今已走过了半个多世纪的历程。兵团发展经历了以下六个历史时期：1949年10月至1954年10月兵团事业的奠基时期；1954年10月至1957年12月兵团建设正规化国营农场时期；1958年1月至1966年5月兵团事业大发展时期；1966年5月至1975年3月兵团事业遭受挫折和破坏时期；1975年5月至1981年12月农垦总局时期；1981年12月至今兵团恢复后新的历史发展时期。

（一）兵团事业的奠基时期

1949年10月至1954年10月是兵团事业的奠基时期。1949年12月，毛泽东在《中央人民政府人民革命军事委员会关于一九五〇年军队生产建设工作的指示》中明确指出，"人民解放军不仅是一支国防军，而且是一支生产军"，要积极参加生产，"借以协同全国人民克服长期战争所遗留下来的困难，加速新民主主义的经济建设"。在这一精神指导下，1950年1月，新疆军区动员所部19.3万人，除20%为机关业务和担任警备任务的部队外，其余都投入农业和手工业发展生产中，并向中央政府申请了必要的粮棉种子及生产工具。当年，生产部队就有 8 万人进入荒野草原，垦荒 85 万亩，粮食生产过亿斤，牛羊 10 多万头。两年后，粮食、副食、蔬菜全部自给，并将剩余的粮、油支援地方建设，取得了农牧业生产的显著成绩，受到毛泽东、朱德等同志的高度赞扬，并作为经验向全军推广。1952年 2 月，毛泽东根据军队参加生产建设的经验，发布了《人民革命军事委员会命令》，号召全体人民解放军指战员"站在国防的最前线，经济建设的最前线，协同全国人民，为独立、自由、繁荣、富强的新中国而继续奋斗！"为此，批准中国人民解放军部分部队改编为生产部队，"将光荣的祖国经济建设任务赋予你们"。"当祖国有事需要召唤你们的时候，我将命令你们重新拿起战斗的武器，捍卫祖国。"根据毛泽东的这一命令，时任中共中央新疆分局第一书记和新疆军区代司令员兼政委的王震（和后来接任王震职务的王恩茂）所部新疆军区生产部队 10.55 万人编为 10 个农业师、1 个建筑工程师，掀起了轰轰烈烈的大生产运动，并成立了新疆军区生产管理部，直接管辖农业生产和工程建设部队。

（二）建设正规化国营农场

1954 年 10 月至 1957 年 12 月是兵团建设正规化国营农场时期。1954年，军队即将实行义务兵役制和军衔制，国家的经济建设也开始有计划地进行，在这种新的形势下，为了使驻疆生产部队安下心，扎下根，长期屯垦戍边，并把部队生产纳入国家计划，需要成立一个新的领导机构，以便统一集中领导新疆的生产部队。1954 年 10 月 7 日，遵照毛泽东指示，中央军委决定，中国人民解放军第一野战军一兵团第二军、第六军四个师、第五军（原三区革命民族军），第二十二兵团（原陶峙岳将军率领起义的部队）全部就地集体转业，成立新疆军区生产建设兵团。陶峙岳出任第一任兵团司令员，中央新疆分局第一书记、新疆军区司令员兼政委王恩茂出任第一任政委。

兵团成立了 10 个农业师、1 个建筑工程师、1 个运输处、1 个建筑工程处，直属单位有八一农学院、被服厂、皮革厂、卫生学校、医院等企事业单位。

兵团实行党政军合一的领导体制，受自治区党政军的统一领导，依照国家和自治区的法律、法规，对辖垦区行使一定的管理职能。兵团沿袭了人民解放军的建制，从兵团到师、团、营、连机构健全，组织严密。兵团也是一个经济组织，其中心任务是大力发展生产，为戍边和地方经济发展提供强大的物质基础，为繁荣边疆做贡献。

兵团成立后，迅即摆开了大规模屯垦的新战场，广大军垦战士，一手持枪，一手扶犁向亘古荒原、向千里戈壁、向被称为"死亡之海"的沙漠宣战。广大兵团战士风餐露宿，开渠引水，垦荒造田，建成了一片片绿洲，一个个农场，一座座水库，一条条渠道林带。一大批军垦新城镇在戈壁深处，在沙海边沿，在荒无人烟的处女地上诞生了。新疆和平解放前，基本没有现代工业。战士们节衣缩食（甚至省下衣领和衣袋的用布），把省下的军费和津贴用来购买机器、修建厂房、建设道路。至 1957 年，共改造老农场 26 个，新建农场 18 个，农牧团场总数达到 59 个。当年兵团工农业总产值 22871 万元；耕地 337 万亩，播种面积 221 万亩；粮食总产量 12241 万斤；棉花（皮棉）1085 万公斤；油料 209.6 万公斤；年终牲畜存栏 74.2535 万只（头）；交通运输、建筑工程、合作商业、文教卫生事业综合盈利 2841 万元。完成了第一个五年计划的主要指标。

1958 年 1 月至 1966 年 5 月，是兵团国营农场大发展时期。在此期间，兵团开发新垦区，扩大老垦区，兴办工业、交通运输业、建筑业，发展商业和文教、卫生、科研事业，建设军垦新城石河子、奎屯、五家渠、阿拉尔、北屯等。

在大发展时期，兵团总人口达 31.15 万人，职工 17.87 万人；农牧团场总数发展到 158 个；耕地达到 1212 万亩；独立工矿企业达到 116 个；工农业总产值 9.77 亿元，占自治区总产值的 26.3%；粮食总产 7.2 亿公斤，占自治区总产量的 21.8%；生产皮棉 2499 万公斤，占自治区总产量的 31%。

1960—1962 年，和全国一样，兵团经济出现了严重困难，中央拨给流动资金冲销银行贷款，使兵团渡过了难关。1962 年"伊塔边民越境"事件发生后，兵团组织"三代"工作队前往塔城、裕民、霍城、额敏四县执行代耕、代管、代牧任务。随后，建立起边境农场带，新建农牧团场 32 个，有耕地 277 万亩，总人口 14.7 万人，职工 6.7 万人，为巩固边防做出了重要贡献。从 1964 年开始，数十万转业官兵、城市知识青年加入兵团生产建设行列，为兵团增加了新鲜血液，注入了发展活力。

（三）兵团事业遭受挫折和收缩

"文化大革命"期间，兵团工农业生产遭到严重破坏。1974 年与 1966 年相比，兵团人口增加了 77 万，职工增加 12 万人，但耕地减少 52 万亩，林业损失 18 万亩，粮食总产减少 1.95 亿斤，油料总产减少 478.6 万斤，棉花减少 979.48 万公斤，财务亏损 1.96 亿元。1975 年 2 月 18 日至 3 月 25 日，中共中央和中央军委在北京召开改变兵团体制的会议，会后中共中央、中央军委发文批准了新疆维吾尔自治区党委和军区党委关于撤销兵团的报告。至此，新疆军区生产建设兵团建制被撤销。在此前后，1974 年广西生产师（广西军区隶属，1970 年成立）、云南生产建设兵团（昆明军区隶属，1969 年成立）相继撤销，1975 年还撤销了黑龙江生产建设兵团（沈阳军区隶属，1968 年成立），内蒙古生产建设兵团（北京军区隶属，1969 年成立），西藏生产建设师（西藏军区隶属，1969 年成立）等。

1975 年 5 月 24 日，新疆维吾尔自治区党委决定兵团撤销后成立农垦总局。1975—1977 年，农垦经济管理水平下降，累计财政亏损 6 亿多元。

1977 年 12 月 12 日至 1978 年 1 月 20 日，国务院在北京召开全国国营农场工作会议，会议纪要建议将黑龙江、新疆、广东、云南四省区的垦区改为由国务院主管部门和省区双重领导，以省区为主的体制，这四个垦区的基建投资和国家统配、部管物资以及化肥、生资、油料均列入国家计划，由国务院主管部门直接供应。1978 年 9 月 13 日，自治区党委、自治区革委会明确规定，将原兵团所属农牧团场和 44 个地方国营农场划归农垦总局统一管理，同时调整、充实各级领导班子，农垦经济开拓出现转机。1979—1981 年，工农业总产值平均年增长 11.2%，粮食总产由 31.28 亿公斤上升到 43.35 亿公斤，增长 38.6%；棉花总产由 1.26 万吨上升到 5.25 万吨，净增 3.16 倍，扭转了 1967 年以来的亏损局面，实现利润 2114 万元。

（四）兵团恢复后的新发展

1981 年，时任中央政治局委员、中央军委常委、国务院副总理的王震，向主持军委工作的邓小平提出恢复兵团的建议。当年 8 月中旬，邓小平在王震、王任重的陪同下，亲赴新疆考察，听取各方意见。同年 12 月 3 日，党中央、国务院、中央军委联合发出了《关于恢复新疆生产建设兵团的决定》，并将恢复后的兵团划归农业部直接管理。

新疆生产建设兵团恢复，是兵团在新的历史发展时期的新的转折点。在中央的关怀下，兵团的经济体制改革、经济建设和发展都取得了很大成就。到 1991 年，兵团的农业连续十年获得丰收。

兵团恢复后，隶属关系已不在国防序列，它的名称也由撤销前的中国人民解放军新疆军区生产建设兵团变为新疆生产建设兵团。随着改革的不断深化，随着兵团事业的大踏步前进和发展，兵团原来的管理体制、经营机制已不能适应新时期经济发展的需要。正是在这一时期，国际形势也发生了重大变化，东欧剧变，苏联解体，国内敌对势力、新疆分裂主义分子利用民族宗教问题进行的破坏活动加剧。在这种新的形势下，加强对兵团的领导，进一步做好兵团的工作，使之更好地完成生产队、工作队、战斗队的任务，就更具有十分重要的意义。1996 年兵团党委不失时机地发出"二次创业，再造兵团辉煌"的号召。

1996 年 3 月 19 日党中央重申新疆生产建设兵团是维护新疆社会稳定、建设和保卫边疆安全的一支可靠的重要力量。明确要求：要认真研究解决他们面临的一系列实际问题和诸多困难，理顺关系，加强建设，并继续动员内地有志青年去兵团工作，壮大队伍，充分发挥其保卫和建设边疆的特殊功能。同时对兵团的体制、改革和发展也做了明确指示：

1. 关于体制

兵团要在自治区党委、人民政府的统一领导下，健全必要的行政管理职能。各级人民政府应当高度重视兵团的建设和工作，妥善处理农牧民与兵团在土地、草场、水利和矿产资源等方面发生的矛盾。

2. 关于改革

随着经济体制的根本转变，兵团的体制、职能也需要进行相应的改革，但是劳武结合、屯垦戍边的任务不变。"武"的部分按军事部门的要求，由国家拨给相应的经费，办社会的费用由国家适当给予补贴。

3. 关于发展

兵团的经济社会发展计划仍在国家计划中单列，并与地方密切衔接，形成一体。要抓住国家开发建设南疆的机遇，发展壮大兵团。

1997 年 10 月，中共中央、国务院为进一步理顺兵团内外关系，充分发挥兵团的作用，决定：①新疆维吾尔自治区党委和人民政府要进一步加强对兵团的领导。②兵团是党政军企合一的组织，自行管理内部行政、司法事务。③兵团在国家实行计划单列。在计划方面，对兵团单列的内容和办法参照计划单列市的方式进行；在财务方面，兵团为一级预算单位，预算管理、经费拨款直接对兵团；在农垦业务方面，兵团归口农业部管理。④兵团对外可使用"中国新建集团公司"名称，享受国家大型企业集团试点的各项政策，并可具有企业法人资格。⑤进一步加强兵团干部管理工作。新疆维吾尔自治区党委书记兼任兵团党委第一书记、兵团第一政委等。对兵团其他方面的工作也做了具体规定。

经过 50 余年的发展，兵团总人口已达 250 余万人，辖有 14 个师，185 个团，500 多个独立核算的公交建商企业和一批科教文团体社会事业单位，有 11 家上市公司、2 所大学和 1 所农垦科学院，有国家级的石河子经济技术开发区和农业新技术园区。兵团在独立的垦区区域，有自成体系的公检法司监机构和武警部队，有独立的教育体系，办有各种类型的普通高校、成人高校、中专、技校、中小学校、幼儿园，还有社会功能较为齐全的城镇建设、科研、卫生机构等。在亘古荒原上兴建了 5 个新城镇（石河子、五家渠、北屯、图木舒克、阿拉尔）、185 个团场部。

经过半个世纪多的建设和发展，兵团作为新疆维吾尔自治区的重要组成部分，成为新疆发展和稳定的重要力量。

二　完善新疆生产建设兵团布局的思考

（一）兵团布局形成的历史进程

1949 年冬，中国人民解放军进军新疆，其后驻防的安排实际上已开始了日后兵团布局的格局。1954 年 10 月，中国人民解放军新疆军区生产建设兵团正式建立。兵团的布局得到进一步发展，观其发展全局，大体可分为两个阶段：

第一阶段，20 世纪 50 年代，以维护新生的人民政权、稳定新疆、发展生产为主要战略目标的布局发展阶段。

1949 年，中国人民解放军第一野战军一兵团第二军、第六军进疆，当时新疆形势是叛乱迭起、经济落后，新疆和平解放前又没有党的地方组织。当时屯垦戍边的紧迫任务是剿匪平叛，建党建政，开展大生产运动。在解放军进疆初期，北疆、南疆均有敌对势力发动的武装叛乱，但叛乱的频发区在北疆。解放军第二军、第六军进疆初期，第二军进驻南疆，第六军进驻北疆，军党委同时兼南北疆区党委，第五军兼伊犁区党委。在屯垦戍边的兵力部署上，南疆：农一师（阿克苏垦区），农二师（库尔勒垦区）；北疆：农四师（伊犁垦区），农五师（博乐垦区），农六师（昌吉垦区），农七师（奎屯垦区），农八师（石河子垦区），乌鲁木齐管理局（乌鲁木齐垦区），哈密管理局（哈密垦区），以及工程建设第一师、第二师、第三师。

因此，整个 20 世纪 50 年代，兵团在部署和垦区规划上主要从军事、政治的因素出发决定。进疆的第二军、第六军的主要力量部署在战略要地。农五师（原十六师）驻军新疆东大门哈密，虽然缺水，土地泛碱生产条件恶劣，但必须保卫进疆大门，确保新疆与内地通道的畅通；农二师（原六师）驻焉耆，握南北疆咽喉，战略地位十分重要。农一师驻军阿克苏，也主要是从稳定南疆战略考虑的安排，农六师进疆时兼任迪化警备队，以后师部驻五家渠，拱卫乌鲁木齐。农四师则部署在伊犁地区。农七师、农八师进驻玛纳斯河流域屯垦生产，也是出于将北疆乌鲁木齐至伊宁一线连接的战略考虑。至 20 世纪 50 年代末兵团的布局上大体形成两个圈的格局：沿塔克拉玛干沙漠周缘和沿准噶尔戈壁周缘。但布局的重点则是在北疆地区。

第二阶段，20 世纪 60 年代，以反对苏联霸权主义、保卫国家领土完整为主要战略目标的布局发展阶段。

1962 年 4 月，苏联通过其驻新疆各地领事，策动塔城、裕民、霍城等 9 县 1 市边境 6 万余边民非法越境到苏联。塔城县非法越境人口达该县人口的 68%，霍城边境 3 个公社原有人口 1.6 万余人，非法越境发生后只剩 3000 余人，其中前进公社的社员只剩下了 9 户。这些地区农村基层组织受到严重破坏，各项生产遭到重大损失。5 月初，塔城、霍城等地的大规模边民非法越境行动基本得到控制后，伊宁市的群众性非法越境活动仍在继续发展。在苏联驻伊宁领事馆官员的煽动、策划下，终于爆发了震惊中外的"5·29"伊宁暴乱事件。

为了迅速制止边民非法越境，应对可能发生的事变，根据中共中央、中央西北局、自治区党委和自治区人委指示，兵团于 1962 年 5 月 5 日起，组编了 6 个独立营，共 21 个值班民兵连，沿中苏边境布防。其中农四师 2 个营 8 个连，布防于霍城至昭苏边境；农五师主力由哈密移防到博尔塔拉蒙古自治州，其 1 个营 3 个连，布防于博乐边境；农七师 1 个营 4 个连，布防在塔城边境；农十师（1953 年组建，1955 年撤销，1958 年恢复）1 个营 3 个连布防在阿勒泰边境；农一师 1 个营 3 个连，布防在阿克苏地区边境一线。同年 5 月 21 日，兵团根据新疆军区的指示，决定在中苏边境建立一批边防工作站。1962 年 4—8 月，共增设边防工作站 58 个，并由兵团新设一批国营农场，以加强边境管理力量，扭转了中苏边境"有边无防"的局面。6 月底，大批边民非法越境行动基本被制止。是年末，自治区人委颁布了《边境禁区管理规定》。1963 年秋至 1964 年春，伊犁州又根据自治区的有关命令和规定，划定了边境禁区、边境管理县和管理区。至此形成了自阿勒泰地区至伊犁地区沿中苏边境一线的兵团团场分布带。

在此之后，在北疆，1969 年 4 月又成立农九师（塔城地区）；在南疆，1966 年增建了农三师（喀什地区）与和田管理局，增强了南疆腹地的兵团部署。

（二）兵团布局的特点分析

20 世纪 50—60 年代历史条件形成兵团布局，可用"两个圈、一条线"来概括。"两个圈"是指北疆环古尔班通古特沙漠部署的兵团团场，以及南疆环塔克拉玛干沙漠部署的兵团团场；"一条线"是指 60 年代初为应对苏联霸权主义而在塔城至伊犁沿边境部署的兵团团场。兵团团场部署的态势对当时稳定新疆、保卫国防起了巨大的作用，在古尔班通古特沙漠和塔克拉玛干沙漠周缘屯垦，也大大推动了新疆经济的发展。

进入 70 年代，由于"文化大革命"，新疆各项工作遭到破坏，兵团也一度被撤销，边境团场虽得以保留，也难以得到加强和发展。80 年代以后，随着新疆各项建设的发展，兵团在恢复后也得到巨大发展。但应承认，近 20 年来，已形成的"两个圈、一条线"的兵团布局，从战略上看造成了兵团力量配置上的"北重南轻"，而且南疆的环塔克拉玛干"圈"没有画圆，边境一线到伊犁地区的昭苏也戛然而止，克孜勒苏柯尔克孜自治州、喀什地区的边境地带也无兵团团场的设置。现在兵团 250 余万职工，屯垦北疆的有 180 余万，其中伊犁河谷一带有 20 余万，而南疆地区只有 60 余万兵团职工，分属农一、二、三师与和田管理局，而且主要分布在塔克拉玛干沙漠北缘阿克苏、焉耆、库尔勒一带，喀什、和田地区的力量相当薄弱，尤以和田地区最为严重。

因此壮大兵团、完善兵团布局实为是一件影响深远的战略举措。

（三）完善兵团布局的战略出发点和基本思路

1. 完善兵团布局的战略出发点

今天提出完善兵团布局的战略构思的出发点，是由兵团在新疆发展与稳定全局中面临的挑战和兵团的性质和他肩负的历史使命所决定的。

世纪之交的新疆面临挑战有三：

一是苏联解体，西方大国遏制中国的战略加紧实施，而新疆正是他们"分化""西化"中国战略的一个突破口；

二是自 20 世纪 90 年代以来境内外新疆分裂势力的分裂活动进入以暴力恐怖活动为主要形式的新阶段；

三是在改革开放后中国经济大发展的背景下，西部大开发还处于初始阶段，东西部经济发展差距拉大的现状尚未得到根本改变，社会处于转型期，而兵团自诞生之日起就肩负着屯垦戍边的神圣使命。

基于此，完善兵团布局的战略目标是保北强南，也就是北疆地区兵团已有的优势应得到加强，而南疆地区兵团的力量应有一个大的发展，唯此，才能面对挑战，才能完成历史赋予兵团的神圣历史使命。

2. 完善兵团布局的基本思路

完善兵团布局的基本思路可用 16 个字来概括：抓住两头，突出中心，画圆南圈，加强一线。一是要"抓住两头"，即充实、加强兵团哈密管理局和喀什地区的农三师，二者酷似一个口袋的"口"和"底"。哈密管理局地处内地进疆的入口，具有极其重要的战略地位，扼住此"口"，才能保证新疆与内地的联系不致中断；而喀什地区处于祖国领土最西端，又面临今天动荡多变的中亚和西亚地区，不扼住这个"底"，一旦周边有乱，后果堪忧，只有"口""底"结实，才能保持全疆的稳定。因此，加强农三师并以小海子垦区为基础建立图木舒克市当为势在必行。

二是要"突出中心"，阿克苏地区地处新疆中心，是南疆承东接西、南上北下的战略要冲，现在阿克苏地区的农一师的实力虽比较强，但仍应继续增强其实力，并以阿拉尔垦区为基础建立阿拉尔市，使农一师可以兼顾东西两侧的农二师和农三师，形成稳定南疆的一块"基石"。

三是"画圆南圈"，综观塔克拉玛干沙漠周缘兵团团场的分局态势，尚有两大段团场分布的空白点，一是阿克苏至库尔勒之间，特别是库车、新和、沙雅、轮台四县，二是和田以东策勒至若羌一线。应创造条件有计划、有步骤地在上述地区增建团场，在塔克拉玛干沙漠北缘和南缘的团场"空档"地区充实兵团力量。为此，农一师与农二师共同向库车、新和、沙雅、轮台四县地区增布团场；农一师、农二师共同向克孜勒苏柯尔克孜自治州增布团场，而最重要，也是最紧迫的是尽快将和田管理局（和田管理局改为农十四师）升格为师的战略部署落实，将现在只有2万余人的和田管理局扩充至3万—5万人，并依据和田地区尚未开发的水土资源潜力，将团场布点沿塔克拉玛干沙漠南缘由西向东延伸，与农二师团场布点连接，确保新疆至青海通道的畅通，使之成为内地通往新疆传统河西走廊通道以外的第二道路。同时和田管理局的扩大，也将成为改变和田地区民族人口比例失调的有效载体。

四是"加强一线"，从阿勒泰到伊犁的北部边防线近年来分裂势力走私武器、潜出入境人员呈上升趋势，需加强已有58个边境团场以固边防。同时，应将这条边境团场形成的边防一线向西南延伸，在克孜勒苏柯尔克孜自治州和喀什地区面向吉尔吉斯斯坦、阿富汗、巴基斯坦诸国的边境地区增设边境团场，以确保国防线的安全和当地经济的发展和社会的稳定。

（四）新世纪兵团肩负的历史使命

世纪之交新疆生产建设兵团的职责有四：

一是兵团是中国政府治国安邦战略中的重要棋子，着眼于国家的长治久安和新疆的长远发展，是兵团的历史使命；二是屯垦戍边是党和国家赋予兵团的神圣使命，以"党政军企合一"的形式直接承担"生产队""工作队""战斗队"三大战略任务，肩负屯垦戍边的使命，直接服务于国家安全、社会稳定和边疆繁荣的伟大事业；三是经济建设是兵团发展屯垦戍边事业的中心和基础，围绕经济建设，加强"生产队"功能，是兵团屯垦戍边事业不断发展壮大，也是兵团成功执行"三个队"任务、履行好屯垦戍边使命的基础；四是维护稳定和巩固边防是履行屯垦戍边使命的重要内容之一，兵团"战斗队"的作用主要表现在对外巩固边防、保卫边疆，对内反对分裂、稳定边疆，如邓小平同志 1981 年提出：兵团"是稳定新疆的核心"。

新疆生产建设兵团是我国当前唯一的一支屯垦戍边的力量，是新疆经济建设、社会发展的一支重要力量，同时也是维护新疆稳定、保卫边疆安全的一支重要力量。在当前，无论是我国西部大开发，还是新疆的经济发展都需要这样一支有组织的生产建设队伍；而在当前分裂主义者内外勾结，企图在新疆建立"东突厥斯坦国"、分裂我们国家的复杂形势下，新疆也需要一支有组织的维护稳定、协守边防的队伍。兵团的存在与发展对新疆的稳定与发展有着举足轻重的作用，加强兵团、完善兵团，是未来新疆发展的需要。

三　维稳戍边是兵团的历史担当

新疆生产建设兵团是新疆维吾尔自治区的重要组成部分。兵团承担着国家赋予的屯垦戍边职责，实行党政军企合一体制，是在自己所辖垦区内，依照国家和新疆维吾尔自治区的法律、法规，自行管理内部行政、司法事务，在国家实行计划单列的特殊社会组织，受中央政府和新疆维吾尔自治区双重领导。

屯垦戍边是国家赋予兵团的职责。20 世纪 80 年代后，分裂势力、宗教极端势力、暴力恐怖势力的破坏活动成为影响新疆社会稳定、危害国家统一的严重威胁，兵团的重点转移到防范和打击"三股势力"破坏活动、维护社会稳定的任务上。

新疆是反恐怖斗争的前沿阵地和主战场，当前新疆正处于暴力恐怖活动活跃期、反分裂斗争激烈期、干预治疗阵痛期"三期叠加"的特殊阶段，社会稳定和长治久安是新疆工作的着眼点和着力点。党中央及时提出：要加强兵团维稳戍边能力建设，切实发挥好维护祖国统一、维护民族团结、维护新疆稳定的特殊重要作用。维稳戍边战略口号的提出是现实斗争的需要，也是屯垦戍边历史发展的必然。

根据党中央的总体要求，兵团维稳戍边的三大战略任务：

一是维护祖国统一，兵团要成为安边固疆的稳定器。所谓稳定器就是平时着力打基础，壮大综合实力，有事时则能召之即来、来之能战、战之能胜，真正成为维护新疆社会稳定的出鞘的利剑。

二是维护民族团结，兵团要成为凝聚群众的大熔炉。所谓大熔炉就是兵团要充分发挥自身的分布格局、人员构成、体制特色、文化传统等方面优势，开拓和扩大嵌入式、融合型发展的社会结构和社区环境，促进各民族在共居中交往、交流、交融。

三是维护新疆社会稳定，兵团要成为先进生产力和先进文化的示范区。所谓示范区就是要充分发挥兵团具备先进生产力和先进文化实力、底蕴的优势，成为建设大美新疆和现代生活方式、文明行为的积极倡导力量。

稳定器、大熔炉、示范区三者相辅相成，为了使其功能更充分得以发挥，我以为维稳戍边的战略目标应是：

一是充分发挥兵团的特殊作用，推动新疆社会出现有利于长治久安的结构性变化，结构性变化的关键之一是使全疆人口结构向更有利于统一多民族中国总体战略要求变化。

二是构建各民族相互嵌入的社区环境，通过"借壳建市"师市合一、"以团带镇"辐射周边等途径，营造各民族人民交往、交流、交融的良好局面，各民族相互嵌入社区环境的建设既是近期治疆的战术目标，更是长期治疆的战略目标。

三是在传播现代文明、推动社会主义文化繁荣兴盛的实践中发挥独特的、不可替代的作用，关键是要立足兵团文化集红色文化、中原文化、边疆文化于一体的优势，大力弘扬兵团精神，构筑各民族共有的精神文化家园，强化中华民族共同体意识。

四是做好构建和谐兵地关系大文章，推动经济发展，壮大兵团实力，关键是促进社会整体发展。所谓社会整体发展，最重要者是要培育生活在社会中的每一个人都成为中华人民共和国合格的公民。

四　壮大兵团、开发南疆

新疆经济发展水平总体落后于全国，其中南疆又在新疆处于下游和低端。只有加快南疆经济和社会发展，新疆的稳定才有一个比较好的基础。

南疆开发可以充分利用新疆生产建设兵团计划单列的优势，由中央直接主导进行专项开发，在生态建设的基础上，加快布建相关产业，在绿化塔克拉玛干沙漠的同时，营造国民经济和社会发展的又一战略纵深空间。

经过半个多世纪的发展，新疆生产建设兵团实力得到了很大加强，但在新疆的经济和社会地位、影响在市场经济条件下却有所下降。由于兵团相当一部分团场的布局是在 20 世纪 60 年代"伊塔事件"后为应对中苏边境地区的特殊紧张形势而紧急安排的，在很长时间承担了戍边和国防的重担。58 个边境团场（其中 11 个为少数民族团场）大多数是比较贫困落后的团场，屯垦的水土条件和经济发展的基础很差。另一方面，南疆还有一些地区具备布建兵团团场的条件。目前来看，由于我国与俄罗斯、哈萨克斯坦、吉尔吉斯斯坦、塔吉克斯坦的关系大大改善，上海合作组织发挥着巨大的安全保障作用，边境线一带发生大规模冲突的可能性至少在未来 30 年内概率很小，因此有必要重新调整和完善兵团布局。可将沿边境一线的团场保留编制，留守三分之一人员，其余人员结合南疆的资源开发，组建新的团场，完成兵团在南疆沿沙漠边缘的团场布点，并利用沙漠生态建设和沙漠绿化布建大批新的团场。团场原有资源与人口的压力减轻后，更有利于留守人员脱贫致富，改善生活和生产条件。而一旦边防需要也可在短时间内充实保留编制的边境各团场。实际上，和田第十四师二二四团的成功组建提供了可资借鉴的实例。根据兵团第十四师介绍，从 2003 年在当地还是一望无际的沙漠上组建至今的 10 年时间内，二二四团的发展已经达到相当的规模，成为兵团历史上第一个生态林果业团场。目前，二二四团人口已经超过 12000 人，年职均收入和人均收入分别超过 2 万元和 1 万元。从目前的开发前景看，新疆生产建设兵团可在塔克拉玛干先期布建 10 个林业师、200 个生态建设团场，大大扩展兵团在南疆的力量，为南疆稳定奠定基础。

还有一个值得关注的情况是，要妥善处理兵团和地方发展的问题。在新疆和平解放后的一个较长时期，特别是计划经济时期，兵团曾经是先进生产力、先进文化的代表，在新疆的经济和社会发展方面发挥了很大的示范和带动作用。但是随着社会主义市场经济的推进，由于兵团产业结构与地方的高度同质，形成越来越强烈的竞争关系。在一些地方出现了争水源、争草场、争矿产、争市场等问题，兵团与地方的关系出现了一些摩擦和纠纷。对此，在兵团加快产业升级特别是兴工成边、城镇建设方面，需要国家给予大力支持和扶助，使得兵团有更大的实力和财力带动和帮助地方经济发展和各族人民致富。鉴于目前新疆生产建设兵团实行的是计划单列的体制，在目前中央财力条件下，国家对兵团的扶持可以较快见到成效，同时对兵团的扶持和投资也可以带动周边地方的发展，改善兵团和地方的关系，这也是新疆维持和巩固稳定局势的一个重要基础性工作。实际上，改革开放以来，兵团子弟通过高校毕业分配、参军转业、调动、交流等途径大量进入新疆地方党政机关工作，为地方发展做出了巨大的人才贡献。相对来讲，兵团的人才流失也相对降低了干部队伍的素质，影响了兵团事业的发展。新疆维吾尔自治区党委、人民政府和各级党政机关都应该重视和支持兵团发展，特别是要加强融合型发展，促进兵地共同进步，为新疆全局的稳定和发展打下坚实的基础。

壮大兵团、开发南疆还将对优化南疆人口结构、改善民族人口比例这一涉及国家核心利益的重大问题起到有益的作用。

在新疆总人口中，维吾尔族已成为人口总数第一的民族，总数超过1000万人（2011年为1006万人），最高的和田地区为97%。新疆已经成为民族人口超过1000万人的省份。境内外分裂势力非常看重南疆的"独立"条件，特别是喀什、和田地区。在科索沃独立后，"疆独"势力感到在和田具有多种与科索沃相同或相近的"优越"条件，声称"今天的科索沃就是明天的和田"。从近年来的政治、经济和社会发展情况看，五大自治区中，内蒙古、广西、宁夏整体比较稳定，这跟各个民族人口结构比较合理有很大关系。

当前首先要统一优化人口结构，提高对改善民族人口比例的必要性、重要性的认识。其次才是研究如何解决的办法，对新疆特别是南疆一些重点地区，单纯依靠调整计划生育政策已远远不够，在国家指导下移民屯垦、项目开发、布建兵团团场等方式是可行之途。即使如此，也需要经过一个较长时期的努力，非10年、20年难见成效。如若仍裹足不前，则前景堪忧，绝非杞人忧天！

同时，开发南疆还有一个绕不过的难题，即水资源缺乏。

通过调整南水北调西线工程规划，调水入疆，解决新疆尤其是南疆的缺水问题，既可优化新疆乃至全国的生态环境，又将加快南疆融合式社会建设。

新疆若要真正实现长治久安，必须要成一个"民族的熔炉"，只有突破水资源的限制，这种前景才可以成为可能。新疆不能成为中国的科索沃，如果不尽快拿出解决新疆缺水问题的战略对策，新疆的社会稳定和长治久安将难以实现。我认为，无论在优化南疆人口结构，还是在突破水资源限制上，兵团都是可以、也应该大有作为的。

南疆开发，有利于兵团的壮大，兵团的壮大将大大推进南疆的开发。

兵团面临第三次创业的大好时机！

（本文部分内容首发于《中国新疆：历史与现状》第八章，新疆人民出版社 2004 年版。另见马大正《维稳戍边是兵团的历史担当》，《光明日报》2014 年 11 月 12 日第 10 版）

新疆地方志与新疆乡土志稿

一　新疆地方志概述

在我国浩如烟海的古籍中，地方志占很大比重，现存 8000 余种地方志，记载着我国各地行政区域的政治、经济、社会、民族、文化等方面的历史状况，可以说是我国独特的地方史百科全书。

中国编纂地方志历史悠久，早在 2000 多年前的春秋战国时期，就有《晋乘》《楚梼杌》及《鲁春秋》等一类地方史著作，而《尚书·禹贡》篇更是有系统性地理观念的作品，可与《山海经》并称我国地方志的鼻祖。"地方志"又称"方志"，宋代以降始名。隋唐时多称"图志"。由于不断改进体例、取材渐博、所涉日富，先为史地分载，继为史地合记，分门别类，遂成为政治、经济、史事、民俗风土、金石、考古、天文、地理、农业畜产、矿藏资料等无所不包的区域性专著。至元明清三代，经各朝政府着力提倡和学者的博征详勘，中国地方志体例渐臻完备，体系终告形成。

中国方志的编纂历代从未中辍。元明清三代，中央政府均有修纂"一统志"之举。此外，两省有总志，一省有通志，皆为官修。省以下又有府志、州志、县志，乃至乡镇志、乡土志。清中期，屡下诏全国州县修志，如雍正帝曾通令各省府州县志 60 年修订一次。因此，现存各地的方志，以清代纂成者居多。

从各地区现存地方志数量看，多寡十分不均。江苏、浙江、河北、山东等素称文化发达地区，都在 600 种左右。以省通志为例，浙江有 8 种，江苏、山东、河北也各有四五种之多；省以下之府、州、县志，如上海、杭州、无锡、泰安均多至十余种。相比之下，地处边陲的新疆的方志就少得多了。

新疆维吾尔自治区是我国国土面积最大的省区，处于欧亚大陆中心，闻名于世的丝绸之路中段，荟萃东西方文明。这里古代称"西域"，生息繁衍于此的众多民族创造了世人瞩目的古代文明。我国"正史"从《史记》开始，都有关于西域的政治、军事、经济、民族、文化等状况，但尚不能纳入方志的范畴。隋朝裴矩的《西域图记》，唐朝许敬宗的《西域图志》，均开新疆方志之先河，惜已失传。之后历经千年直至清初，无一志问世。

新疆的地方志，大多编纂于清代。据《中国地方志联合目录》（中华书局1985年版），现存新疆方志有111种，除去同书异名本，或同书之不同节印本，尚有83种，同内地一些省区相比，此数少得可怜。新疆方志，从修纂时间看，最早的是唐朝乾元年间的《西州图经残卷》，记述唐代中期吐鲁番地区之县名、交通、宗教、民俗；最晚的是邓缵先的《乌苏县志》和阚凤楼原纂、吴廷燮补编《新疆大记补编》，成于民国时期；余均成书于清代，最早为乾隆时期，最晚迄宣统年间。

新疆的方志，从记载地域看，大致可分为三类：

（一）全疆性通志

《西域图志》与《新疆图志》是首先应提到的两部官修通志。《西域图志》于乾隆二十一年（1756）开始编纂，二十七年（1762）傅恒等纂成初稿，四十七年（1782）英廉等增定，名《皇舆西域图志》，由武英殿刊行，全书52卷，其中有卷首4卷，为乾隆皇帝关于西域题咏和记事，下分图考、列表、晷度、疆域、山、水、官制、兵防、屯政、贡赋、钱法、学校、封爵、风俗、音乐、服物、土产、藩属、杂录19门，记载范围包括当时新疆全部兼及嘉峪关外州县，所据资料亦多经勘核，且有实地考察所得，为《大清一统志》新疆部分之所据者。《新疆图志》始纂于宣统元年（1909），时设立新疆通志局，由王树枏总纂，3年完稿，凡116卷，计约200万字，分建置、国界、天章、藩部、职官、实业、赋税、食货、祀典、学校、民政、民俗、军制、物候、交涉、山脉、土壤、水道、沟渠、道路、古迹、金石、艺文、奏议、名宦、武功、忠节、人物、兵事等29门。该书地图，则以《新疆全省舆地图》立名，于宣统三年（1911）在汉口印行。《西域图志》与《新疆图志》是清代新疆方志编纂史上两个里程碑，正好象征清王朝统治新疆的开始与结束。

在新疆的通志中，《西陲总统事略》和《新疆识略》也应提到。《西陲总统事略》由伊犁将军松筠主持，祁韵士编纂，嘉庆十三年（1808）刻印成册，凡 12 卷。《新疆识略》，徐松修纂，初名《伊犁总统事略》，道光元年（1821）松筠奏进，赐名《钦定新疆识略》。在光绪新疆建省前，伊犁一直是新疆全境的首府，新疆最高军政长官伊犁将军的驻地，所以这两部书尽管名冠伊犁，仍均属全省范围通志。祁韵士、徐松都是当时著名学者，以其修纂两书的价值较高而为后世所推崇。但是，这两部书所叙重点仍是伊犁地区，对其他地区的记述失之过简，故有的学者评曰："作为全省性的通志来要求，似有畸轻畸重之嫌。"

其他如《西域闻见录》《新疆纪略》《新疆大记》也值得注意。《西域闻见录》椿园撰，成于乾隆四十二年（1777），凡 8 卷，约 4 万字，当是私撰之作，所记又都为撰者目睹耳闻之事，记叙生动，内容丰富。是书刊印之后，翻刻本层出，据统计同书异名者多达 17 种。不足的是该书误讹传之处很多，如对 1771 年渥巴锡率领土尔扈特蒙古举族东返祖国的错误记述，俯拾即是。《新疆纪略》，又名《珠华亭纪略》，珠克登纂，记述新疆南、北、西三路 73 座城池之历史沿革、官制、营制、军台、卡伦等，3万余字，记事止道光二十六年（1846），所载浩罕与中国交界状况，皆躬履详勘所得。此书较为罕见，仅存清抄本。《新疆大记》，阚凤楼纂，成于光绪十二年（1886），约 10 万字，专记新疆方舆道里，并述维吾尔、准噶尔事略。民国年间清史馆总纂吴廷燮受阚凤楼、孙阚锋之托，增补成《新疆大记补编》，民国二十四年（1935）出版，凡 9 卷叙疆域山川、道路沟渠、田赋户口、部族物产、郡县建置始末等，记事至民国十一年（1922），是继《新疆图志》之后的又一部有重要参考价值的新疆方志。

（二）区域性方志

清朝的乌鲁木齐都统、塔尔巴哈台参赞大臣、喀什噶尔参赞大臣所管辖地区，分别包括现今几个或十几个县。

乌鲁木齐都统官衔仅低于伊犁将军，受伊犁将军兼管，其统辖地区东起哈密、巴里坤，西至精河，南达吐鲁番，包括今天的哈密地区、吐鲁番地区、昌吉回族自治州、乌鲁木齐市、石河子市及博尔塔拉蒙古族自治州的精河县。记述这一地区的清代方志较重要的有《乌鲁木齐政略》《乌鲁木齐事宜》《三州辑略》等。《乌鲁木齐政略》不分卷，2万余字，记载乌鲁木齐所属巴里坤、奇台、昌吉、玛纳斯等地建置沿革和官制、营制、疆界、屯田、厂务、军台、墩塘、驿站等事，内容颇详，记事至乾隆四十三年（1778），仅有抄本传世。《乌鲁木齐事宜》，永保纂，成于嘉庆元年（1796），3万余字，分疆域、山川、城池、古迹、官制、兵额、粮饷、屯田、户口、赋税、仓储、库贮、铁厂、马厂、官铺等，记垦荒屯田尤详。该书为乌鲁木齐地区首部方志，有嘉庆年间刻本和《边疆丛书续编》油印本。《三州辑略》，和瑛撰，成于嘉庆十三年（1808），9卷，15万字，是乌鲁木齐、吐鲁番、哈密三地的通志，因三地确当为唐代伊、西、庭三州，故名冠"三州"。是书分疆域、建制、沿革、仓储、户口、赋税、屯田、粮饷、营伍、马政、礼化、学校、艺文、物产等项，所列发遣于乌鲁木齐效力赎罪官员名单和履历，则为同类志书所无，所憾惜是详述乌鲁木齐而略载吐鲁番、哈密。

塔尔巴哈台参赞大臣管辖地区是我国西北边疆，比现今塔城地区范围大得多，永保的《塔尔巴哈台事宜》，为这一地区的最早方志，成于嘉庆六年（1801），长期以来仅流传抄本。1950年吴丰培先生将其辑入《边疆丛书续编》油印刊行，自此为研究者所重视利用，是志总叙塔尔巴哈台之疆域、城垣、坛庙、户口、田赋、关税、俸饷、建制、营制、水利、贡马、卡伦、军台、贸易、屯田等，多以档册及调查材料为据，均有较高的史料价值。

喀什噶尔参赞大臣管辖南疆八城：喀喇沙尔、库车、阿克苏、乌什、喀什噶尔、英吉沙尔、叶尔羌、和阗，包括今和田地区、喀什地区、阿克苏地区、巴音郭楞蒙古自治州和克孜勒苏柯尔克孜自治州，清代统称之为"回疆"。这一地区的方志，首推《回疆志》和《回疆通志》。《回疆志》又名《新疆回部志》，永贵、固世衡撰，苏尔德增撰，成于乾隆三十七年（1772），全书约4万字，记述回疆各城的天时地理、山川城池、官制俸禄、户口赋役、民风习俗、风物特产，是天山南路各地的通志。《回疆通志》又名《回疆事宜》，和瑛撰，成于嘉庆九年（1804），约15万字，除记述回疆八城的史事外，还记叙吐鲁番、哈密两城的沿革。该书风俗等篇录自《西域闻见录》，而所记人物传记，则多源出于祁韵士《外藩蒙古回部王公表传》。

（三）府、厅、州、县方志

这类方志清代以前十分罕见，唐代《西州图经残卷》、明代《石城哈密记略》即是现存的两种。《西州图经残卷》，是 1905 年法国人伯希和在敦煌莫高窟发现并运往国外的，后经罗振玉辑入《鸣沙石室佚书》和《敦煌石室遗书》，仅存残缺之《道路篇》和《佛学篇》共 47 行。清以降，新疆地方行政建制大体上经历三个递次演变阶段：顺治至乾隆中期，为地方建置未设阶段；乾隆中期至光绪十年（1884），为军府制与郡县制并存阶段；光绪十年新疆建省后，为普遍实施郡县制阶段。

乾隆中期清政府统一新疆后，新疆各地建制并不划一，设立郡县制的只有哈密到精河一线地区。这一阶段的方志，成书最早的是格琫额的《伊江汇览》，成于乾隆四十年（1775）。该书不分卷，3 万余字，分疆域、山川、风俗、土产、文献、城堡、坛庙、衙署、仓储、官制、营伍、兵额、户籍、学校、军械、赋税、差役、屯政、马政、牲畜、水利、船运、贸易、钱法、台卡、外藩等，该志为伊犁地区首部方志，对研究清朝统治新疆初期伊犁地区政治、经济有重要参考价值。之后又有《（乾隆）伊犁事宜》（又名《总统伊犁事宜》）和《（咸丰）伊江集载》，以上 3 本书长期以来仅有抄本传世，弥足珍贵。近年来经初步整理，收入了马大正编《清代新疆稀见史料汇辑》（1990 年全国图书馆文献资料缩微中心出版）。道光、咸丰年间成书的有钟方《哈密志》（51 卷）、斐森布《喀喇沙尔志略》、珠克登《喀什噶尔略节事宜》、保恒《乌什志略》（又名《乌什事宜》）等。

同治后至光绪初，沙皇俄国和中亚浩罕国又相继入侵新疆，致使这一阶段新疆方志的修纂出现了空白，及至光绪十年新疆建省，行政建制与全国划一。清末政府推行新政，京师成立编书局，通令各地州县编纂地方志和乡土志。新疆一时也兴起了编纂乡土志热潮。

二 新疆乡土志的编纂与稿本的收集

全国乡土志编纂以光绪五年（1879）吴大猷纂山西《保德州乡土志》为发端，后以推行"新政"为契机，清政府于光绪三十一年（1905）4月，颁行小学堂课本《乡土志例目》，内称："所设初等小学堂学科，于历史则进乡土之大端故事，及本地古先名人事实；于地理则进乡土之道里、建置，及本地先贤祠庙、遗迹等类；于格致则进乡土之动物、植物、矿物。凡夫子于日常所必需者，使知其作用及名称，盖以幼稚之识，追求高深之理想，势必凿枘难入，惟乡土事，耳所习闻，目所常见，虽街谈巷论，一山一水，一木一石，平时供儿童之嬉戏者，一经指点，皆成学问，其引人入胜之法，无愈此者，故必有乡土志，然后可以授课。海内甚广，守令至多，言人人殊，虑或庞杂，用是拟选例目，以为程式。"对乡土志编撰的目的，杨承泽在山东《泰安县乡土志》序中说道："其宗旨以教人爱国为第一要义。欲使其爱国，必令自爱其乡始；欲使爱其乡，必令自知其乡之历史、地理、山川、人物，而后学问逐渐扩充，以启其知识技能，此乡土志之所由作也。"当时乡土志编写的统一提纲有 3 类凡 15 项，即历史类：政绩录、兵事录、耆旧录；人类类：户口、民族、宗教、实业；地理类：山、水、道路、物产、商务。随着编纂的开展，有的府、县乡土志还增加了田赋、税厘、钱币、孝义、祀典、庙祠、古迹、风俗等项目。

光绪三十三年（1907），清政府在北京设编书局，乡土志的编纂工作在全国各地得以全面铺开，及至清亡前，亦未中断。1914 年民国政府教育部又催促各县编修乡土志。据《中国地方志联合目录》所载统计，现存全国乡土志 493 种，除宁夏、青海、西藏、台湾四省未见有乡土志外，辽宁、吉林、陕西、山东和新疆有 30 种以上。地处边陲的新疆，乡土志的编纂工作成绩相当突出，但由于自民国初至 1949 年前，屡经动乱，新疆的乡土志从未刊印过，仅有稿本存世。

中华人民共和国成立后，1955 年湖北省图书馆将收集到的 29 种新疆乡土志率先打印成册，题名为《新疆乡土志稿 29 种》（简称《29 种》），此为新疆乡土志刊印之始。1976 年新疆阿克苏地委办公室档案科将此《29 种》改竖排为横排翻印。《29 种》分别是伊犁府、焉耆府、温宿府、疏勒府、莎车府、昌吉县呼图壁、阜康县、孚远县、鄯善县、宁远县、绥定县、精河厅、哈密直隶厅、若羌县、轮台县、和阗直隶州、皮山县、洛浦县、伽师县、巴楚州、英吉沙尔厅、浦犁厅、温宿县、拜城县、库车直隶州、沙雅、温宿分防柯坪、乌什直隶厅。因其中若羌有 2 种，故实际上是 28 个行政地区的乡土志。

20 世纪 70 年代以后，吴丰培教授将家藏 5 种新疆乡土志陆续刊印，它们是：吐鲁番、镇西厅、和阗、叶城、新平。吐鲁番乡土志由中国书店刊印，其余 4 种编入《中国民族史地资料丛刊》。

北京首都图书馆藏有昌吉、奇台两种乡土志，均是毛笔缮写的抄本。

1986 年日本中国文献研究会出版了片冈一忠编的《新疆省乡土志 30 种》（简称《30 种》）。1905 年日本人林出贤次郎（1882—1970 年）两次到新疆，任教于乌鲁木齐陆军士官学校和法政学堂，在新疆前后逗留近 4 年，结识了布政使王树枏。回国时带回一批刚编就的乡土志，半个多世纪后，片冈一忠即据此散卷汇编成书。

现将收藏与刊印情况，按当时新疆行政区划列表如下（有"△"表示收藏者）：

道	府、厅、州、县		编者	成稿年代	《29 种》本	《30 种》本	吴丰培藏本	首都图书馆藏本	备注
镇迪道	迪化府								佚
	迪化县		佚名			△			
	阜康县		巨国柱	光绪三十四年	△	△			
	孚远县（今吉木萨尔）		佚名	光绪三十三年	△				
	昌吉县		杨方炽	光绪三十四年		△		△	
	奇台县	乡土志	佚名			△			两种
		乡土图志	佚名	光绪三十四年				△	
	绥来县（今玛纳斯）		杨存蔚		△	△			
	呼图壁分县		佚名	光绪三十四年		△	△		
	镇西直隶厅（今巴里坤）		阎绪昌 高耀南	光绪三十四年			△		
	吐鲁番直隶厅		曾炳熿	光绪三十三年					
	鄯善县		陈光炜	光绪三十四年	△	△			
	哈密直隶厅		刘润通			△			
	库尔喀喇乌苏 直隶厅（今乌苏）					△			
伊塔镇	伊犁府		许国桢	光绪三十四年	△	△			
	绥定县（今霍城）		萧然奎	光绪三十四年	△	△			
	宁远县（今伊宁）		李方学	光绪三十四年	△	△			佚

续表

道	府、厅、州、县		编者	成稿年代	《29种》本	《30种》本	吴丰培藏本	首都图书馆藏本	备注
伊塔镇	霍尔果斯分防厅								
	塔城直隶厅		佚名			△			
	精河直隶厅		曹凌汉	光绪三十四年	△	△			
阿克苏道	温宿府（今阿克苏）		佚名	光绪三十四年	△				
	温宿县		潘宗岳	光绪三十四年	△				
	拜城县		佚名	光绪三十四年	△				
	柯坪分县		潘宗岳	光绪三十四年	△	△			
	焉耆府		张铣	光绪三十四年	△				
	新平县		周芳煦	光绪三十三年		△	△		
	轮台县		顾桂芬	光绪三十三年	△				
	若羌县	乡土志图	瑞山	宣统元年	△				两种
		乡土志	唐光祎	宣统二年	△	△			
	库车直隶州		佚名	光绪三十四年	△	△			
	沙雅县		张绍伯	光绪三十四年	△	△			两种
	乌什直隶厅		佚名	光绪三十四年	△	△			
喀什噶尔道	疏勒府（今喀什）		蒋光升	光绪三十四年	△				
	疏附县								
	伽师县		高生嶽	光绪三十四年	△	△			
	莎车府		甘曜湘	光绪三十四年	△				
	浦犁分防厅		江文波	光绪三十四年	△	△			
	巴楚州		张璪光	光绪三十四年	△	△			
	叶城县		佚名			△	△		
	皮山县		佚名	光绪三十四年	△	△			
	和阗真隶州		谢维兴	光绪三十四年	△	△			
			易荣鼎	宣统元年		△			
	洛浦县		杨丕灼	光绪三十四年	△	△			
	于阗县		佚名			△			
	英吉沙尔直隶厅		黎炳光	光绪三十三年	△				

表中所列收藏和刊布的新疆乡土志稿总计 66 种，除去重复者，实际有 44 种，其中哈密、昌吉、若羌、沙雅、和阗均有两种稿本，故实为 39 种，编写时间始于光绪三十三年（1907），迄于宣统二年（1910）。当时新疆建置有 6 府、8 直隶厅、2 直隶州、2 分防厅、1 州、21 县、2 分县，合计 42 个地方政权机构，除迪化府、疏附县、霍尔果斯分防厅三地乡土志尚付阙如，其余均已找到。

三 新疆乡土志稿的史料价值与局限

地方志的史料价值，为历代史家所推崇。瞿兑之《方志考稿·序言》有中肯的评价："社会制度之委屈隐微不见于正史者，往往于方志中得其梗概，一也。前代人物不登名于正史者，于方志中存其姓氏，二也。遗文佚事散在集部者，赖方志然后以地为纲，有所统摄，三也。方志多详物产税额物价等类事实，可以窥见经济状态之变，四也。方志多详建置兴废，可以窥见文化升降之迹，五也。方志详族姓之分合，门第之隆衰，可与其他史事互证，六也。"

新疆乡土志的史料价值至少可概括为以下数端。

首先，对地区历史的记述，可补正史、通志记述失之过简的不足，具有较强的地区特色。现存新疆乡土志诸稿共同的特点是，对政治史，特别是对政绩、兵事的记述较详。虽然其中大部分节录、汇总于《汉西域图考》《西域图志》《新疆识略》《西陲总统事略》《圣武记》等书，但也不乏"或凭零篇散佚，互校参稽""或循行乡社，询谘风土"的连缀成篇之作，尤其是对了解道光、咸丰以降新疆各地的政治、军事活动，颇具参考价值。有的对新疆建省以后各地任职官吏的记述也颇周详，如《新平县乡土志》对该县前后 7 任知县、9 任典史的姓名、籍贯、任职时间均有记录，此为史书所未载。再如对满营、锡伯营、索伦营、厄鲁特营的记载，也有精到之处，可补史书记载之不足。

其次，提供了丰富的经济史、人口史、边贸史的宝贵资料。新疆乡土志诸稿，从记录整体上看，政治活动多于经济活动。尽管如此，在诸如实业、商务、物产等项中仍有关于地区经济生活的大量记载，可补《西域图志》《新疆图志》之不足。其中也有关于人口数字和边疆贸易的记述，例如《库车直隶州乡土志》《温宿县乡土志》记有光绪二十九年至三十二年对俄、英的皮毛、布匹、毡子贸易的数额，为我们研究 19 世纪下半叶以来新疆地区边贸和各民族人口变化提供了资料，弥足珍贵。

最后，新疆乡土志还包容了一些地方性的独特的史料。如《镇西厅乡土志》"古迹"一栏，对著名的西域金石碑文《镇海碑》《天山唐碑》《天山庙记》均有详载。其中《天山庙记》，尚未见他书有载，颇为珍贵；《洛浦乡土志》载有当地"玉河八景"，八阕，用"浪淘沙"词牌填成，写景如画，具有明显的地方特色。

需要指出的是新疆乡土志毕竟成书于 20 世纪初，不免囿于时代、民族、阶级的局限，存在不少错误与不足，其主要者如次：

首先，对民族的记述带有明显的偏见与歧视，甚至使用了侮辱性文字，反映出编纂者错误的民族观。

其次，编写者皆为统治阶级的地方官吏，他们记述人民起义，特别是少数民族起义，具有明显的维护清朝统治的阶级立场和政治倾向。

最后，应付差委的编写态度，使乡土志的质量参差不齐。现存 44 种乡土志，虽然不乏有特色、有个性的作品，如《镇西厅乡土志》《和阗直隶州厅乡土志》《吐鲁番直隶州乡土志》《塔城直隶厅乡土志》《昌吉县乡土图志》等。但也有相当一批乡土志只按《例目》程式逐项填答，有些项目因无材料，竟标"无"字了结。其中宁远、若羌、沙雅、乌什、叶城等乡土志每篇竟仅 3000—4000 字，莎车、蒲犁甚而不足 3000 字。

上述明显不足，需要我们在利用时认真辨析和鉴定。但作为成书于百年前的旧志，仍不失其作为地方志的价值，值得我们重视，并进一步整理、重印。

（首发于马大正、黄国政、苏凤兰编《新疆乡土志稿》，全国图书馆文献缩微复制中心，1990 年）